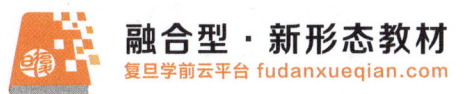

普通高等学校学前教育专业系列教材

美学基础与幼儿美育

（第二版）

洪 维 主编

复旦大学出版社

内容提要

本书主要由两部分组成：一是美学基础，简明扼要地介绍了美学的历史及美的本质、构成、表现形态等，着重阐述了各类审美活动、审美实践，为读者提供了欣赏美的案例和方法。二是幼儿美育，是根据学前教育专业的学科特点，对在幼儿教育过程中运用的美学知识加以了解和应用，有助于提高幼教工作者的美学修养。

在内容编写上，本书根据学前教育专业实际需求配备相关内容，方便学生掌握学前教育领域的美学知识，为他们树立正确的审美观点及训练出一种欣赏艺术美与现实美的良好眼光打下基础；在形式上，继续秉承图文并茂的编排形式，并对图文进行了更新，希望带给读者更好的视觉体验。另外，对书中的一些重要概念我们用粗体字给以醒示，希望能减少学生自主学习的障碍。总之，此次再版在原有基础上，内容与形式更臻完善。

本教材可供学前教育专业使用，也可作为学前教育师资职后培训与幼儿园、家长教育用书。

复旦学前云平台
数字化教学支持说明

    为提高教学服务水平，促进课程立体化建设，复旦大学出版社学前教育分社建设了"复旦学前云平台"，以为师生提供丰富的课程配套资源，可通过"电脑端"和"手机端"查看、获取。

【电脑端】

    电脑端资源包括 PPT 课件、电子教案、习题答案、课程大纲、音频、视频等内容。可登录"复旦学前云平台"www.fudanxueqian.com 浏览、下载。

    Step 1 登录网站"复旦学前云平台"www.fudanxueqian.com，点击右上角"登录/注册"，使用手机号注册。

    Step 2 在"搜索"栏输入相关书名，找到该书，点击进入。

    Step 3 点击【配套资源】中的"下载"（首次使用需输入教师信息），即可下载。音频、视频内容可通过搜索该书【视听包】在线浏览。

【手机端】

PPT 课件、音视频、阅读材料：用微信扫描书中二维码即可浏览。

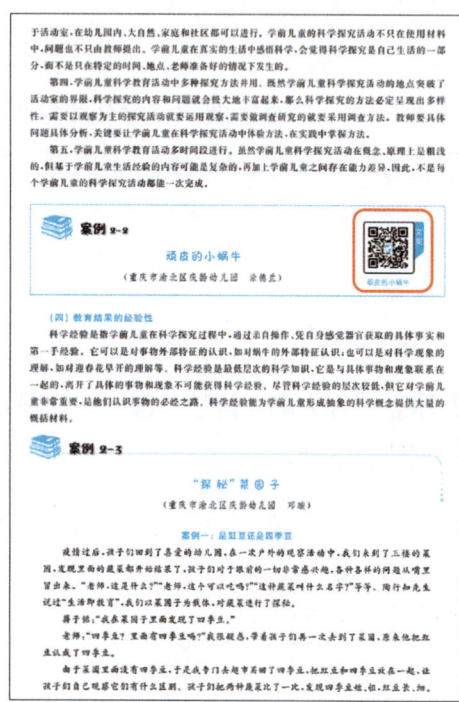

扫码浏览 →

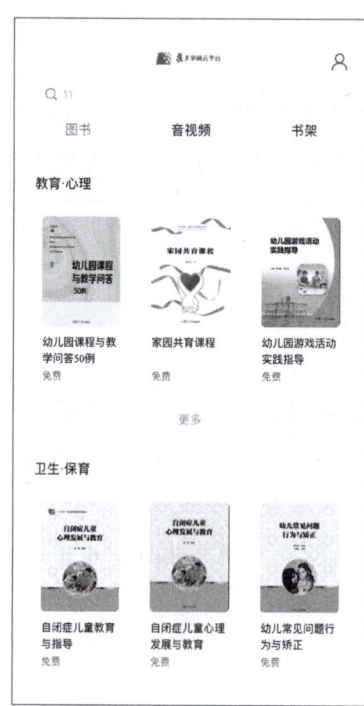

【更多相关资源】

更多资源，如专家文章、活动设计案例、绘本阅读、环境创设、图书信息等，可关注"幼师宝"微信公众号，搜索、查阅。

平台技术支持热线：029-68518879。

"幼师宝"微信公众号

前言

近年来，随着我国大中专院校人文素养教育的不断深化，美学教学在各专业教学中的地位也得到了明显改善。美学教学不仅作为原来的哲学、中文、艺术类专业的基础课地位得到了巩固，而且逐渐成为包括学前教育在内的其他各专业人文素养教育的公共选修课。但由于种种原因，目前我国美学教育本身还存在许多问题。这其中有教学目的、教学内容、教学方法三方面的问题，而教材的建设则是另一重要的问题。我们认为，学前教育专业的美学教育教材应该是切合特殊对象的实际需要的，在理论上要避免作学究式的阐述，而在实践层面上必须加入"幼儿美育"章节，同时教材本身还应易于被一般读者所接受并能便于教学。另一方面，考虑到教材的对象覆盖面（如大中专本科、职后培训、家长培训等）及学生自主学习等因素，还应对教学的内容作一些拓宽。本着这一理念，我们在本书的编写过程中力求做到：

1. 以提高学生人文素养为目标，兼顾相关学科的互相渗透。对学前教育专业的学生来说，有一定的美学知识作铺垫不但能树立正确的审美观点、训练出欣赏艺术美与现实美的良好眼光，而且能通过结合其他艺术技能与理论知识的学习，培养一种积极的生活态度，懂得生活、热爱生活，并懂得如何在将来的工作实际中让学前儿童在娱乐与游戏中接受美的启蒙，体验审美的愉悦，初步形成良好的人格。因此书中的许多例子都较贴近学生，"思考和练习"也照顾了选择性自主学习的需要。尽管理论上不图求之过深，但对历史与当前的研究成果作了相对全面的介绍。

2. 用图文并茂的形式带给读者良好的视觉效果，争取在形式上有所创新。对学前教育专业的学生来说，美学知识学习的核心应该是美的欣赏（审美），而美学教材本身也应该注重审美实践。鉴于目前同类教材在插图方面的不足，本书采用了类似"图说"的形式，不但使例子更直观，形式更活泼，而且给教材以新的面孔，增加了它的艺术性与可赏性。对书中的一些重要概念我们用粗体字给以醒示，希望能减少学生自主学习的障碍，而在语言表达上本书也朝着通俗易懂方向在努力。

3. 从传统文化内容入手，体现本书在课程体系中的独立价值。尽管在现有的学前教育理论书中有"幼儿美育"一小部分内容，但对美学知识的介绍与对幼儿美育的探讨则是简略而粗浅的；尽管学前教育专业开设有多门艺术技能课程，但对所要涉及的美学理论的介绍也是不系统的。故在本书编写中我们将"美学基础与幼儿美育"纳入学前教育课程体系，并以传统文化介入为特点进行编写。书中所举的例子和插图多与中华传统文化相关，目的是使学生在吸收外来文化的同时增强对中华民族博大精深文化的了解和认同感。

本书在编写的过程中参考、借鉴了国内一些专家学者的相关著述，并采用了他人的一些网上图像资料，在此表示感谢。囿于编者的学术水平与时间的不足，本书定还存在一些疏漏与不当之处，希望得到大家的指正，以便再版时加以修正。

目录

绪论
- 第一节 美学的由来与发展 / 002
- 第二节 美学研究的对象与范围 / 004
- 第三节 学习美学的要点与要求 / 006

第一章 审美客体
- 第一节 美的本质与特征 / 012
- 第二节 美的构成及法则 / 018
- 第三节 美的表现形态 / 027

第二章 审美主体
- 第一节 美感的本质与特征 / 036
- 第二节 美感的心理因素 / 043
- 第三节 审美心理学流派 / 048

第三章 审美活动
- 第一节 审美活动性质及方法 / 058
- 第二节 自然美的欣赏 / 062
- 第三节 艺术美的欣赏（上）/ 072
- 第四节 艺术美的欣赏（下）/ 079
- 第五节 社会美的欣赏 / 127

第四章 审美教育
- 第一节 美育与幼儿美育 / 140
- 第二节 幼儿美育的目标、特点与作用 / 144
- 第三节 幼儿美育的实施形式与途径 / 152

绪 论

导读： 爱美之心，人皆有之，但人类追求美、创造美是从什么时候开始的呢？人类对"美"的探讨又是从何时开始的呢？为什么说"美学是门既古老而又年轻的学科"呢？"美学"这门学科又是研究什么的呢？我们在学习这门课时又该注意哪些方面的问题呢？本章将会为你解答这些疑问。

第一节 美学的由来与发展

热爱美、追求美并创造美这是人的**天性**，是人作为灵长类高等动物区别于其他动物的本质特征之一，也是人类文明产生的动力和源泉。追求美是一种社会现象（人在群体中才有美的意识和对美的追求），它的历史可以追溯至**人类社会幼年时期**。在原始人类还没有发明语言文字的时候，他们就已经有了朦胧的审美意识，有了原始的审美行为，如唱歌跳舞已经成为他们表达情绪与娱乐的方式，并在制造工具与表达愿望的过程中萌生了雕塑与绘画的雏形等。在现今各地发现的原始时期的岩画里我们可看到许多动物的绘画形象（图绪论-1），见

图绪论-1

到原始人载歌载舞的生动场面。在世界各地原始人群居住的洞窟里，人们也能寻觅到先民们遗留下的用来装饰自己身体的贝壳、兽牙（图绪论-2）以及石制工具上的装饰花纹（图绪论-3）等。**由此可见，热爱美、追求美并创造美是世界不同人种的祖先都具备的天性。**

但把美作为一种观念或者话题来探讨，则是在人类进入有语言和文字的文明社会以后的事情了。两千多年前，古希腊的哲学家们已经意识到美的存在并开始在理论上对它作阐述。如**毕达哥拉斯派**提出了"美是和谐与比例"的观点，唯心主义鼻祖**柏拉图**（图绪论-4）则首次提出"美是什么"的问题，并对"美"与"美的"两个概念作了严格的区分，开创了西方对美和艺术进行哲学思辨的传统。另外，作为欧洲美学思想奠基人的**亚里士多德**则注重对审美创造的研究，在他的《诗学》中建立了以艺术摹仿说为核心的唯物主义美学观。

图绪论-2 北京山顶洞人服饰（距今约1.8万年）

图绪论-3 彩绘鹳鱼石斧纹陶缸（距今约6000年）

图绪论-4 柏拉图（约前427—前347）

在我国古代，最早为"美"下定义的是春秋末年的楚国人**伍举**，据《国语·楚语上》记载，伍举说："夫美也者，上下、内外、大小、远近皆无害焉，故曰美。"意思就是对百姓无害的才是美的。孔子的弟子也在《论语》中记录了**孔子**（图绪论-5）从"仁"的基点出发提出的许多诸如"文质彬彬，然后君子""尽美矣，又尽善也""诗可以兴，可以观，可以群，可以怨"等触及"美"的论述。另外，孟子、荀子、老子、庄子、墨子、韩非子这些先秦思想家也都从各自的哲学观点出发，对"什么是美"

图绪论-5 孔子（前551—前479）

有过一些有价值的阐述。尽管以上这些观点不是系统化地对美进行论述，但至今仍能给我们以许多深刻的启迪。由此可见，**美学思想的萌芽与对美的探讨的历史在东西方都是源远流长的。**

然而，创立一门独立学科来对美进行研究，至今却只有两百多年的历史。1750年，德国哈列大学教授、启蒙运动时期的哲学家、美学家**亚历山大·哥特利市·鲍姆嘉通**（Alexander Gottliel Baumgarten 1714—1762）（图绪论–6）发表了题为"埃斯特惕卡"的著作（德文意思为"感性学"，我国译为"美学"），于是**"美学"**这一名称逐渐得到理论界的公认。继而，德国古典哲学家康德（图绪论–7）和黑格尔（图绪论–8）在他们的著作中沿用了这一术语，并将"美学"视为**哲学的一个特殊组成部分**，进一步完善了它的理论体系。从此美学便从哲学和文艺学中

图绪论–6　鲍姆嘉通
（1714—1762）

图绪论–7　康德　　　图绪论–8　黑格尔
（1724—1804）　　　（1770—1831）

分离出来，而成为一门独立的学科，鲍姆嘉通也就被人们称为"美学之父"。由此可见，人类对于美的探讨历史可追溯到2500多年前的古代社会，而把美作为一门独立学科来进行系统化的研究却只有200多年的时间（比数学、物理、化学等学科的历史要短得多），所以说**"美学是门既古老而又年轻的学科"**。

鲍姆嘉通认为，人类的知识体系存在着一个缺陷。在人类的知识体系中负责研究"知"，即理性认识活动的学问有逻辑学，研究"意"即道德活动的学问有伦理学，而研究"情"即感性认识的却一直没有相应的学科。因此他认为应该建立一门新学科，这门新学科就是"美学"，也就是"感性学"的意思。鲍姆嘉通认为美学研究的内容不是一般的感性认识，而是研究人类感性认识中具有审美属性的感性认识，即**"完善的感性认识"**。

尽管鲍姆嘉通创立了美学这门独立学科，并为其确定了研究对象与研究范围，但真正开始建立起一套唯心主义美学体系的则是**康德**。在1790年出版的《判断力批判》一书中康德系统阐述了批判美学哲学思想和理论，深刻地揭示了美的本质、规律和原则。为人们探寻美的真谛开辟了一条明确的路径。继康德后，**黑格尔**又对康德进行了一定的批判与继承，进一步完善了**唯心主义美学体系**并把它发展到了顶峰。

但从今天看，尽管康德和黑格尔对美学的论述很详尽，但是由于他们唯心主义的理论基础的局限及研究方法与方向上的根本性错误，他们的著述还不能说具有真正的科学性质。而之后的**马克思、恩格斯**虽没有留下美学专著，但他们创立的科学的世界观与方法论（**唯物辩证法**）和有关美的重要论述却为这门学科地位的真正确立奠定了基础，并为我们提供了一把认读这个体系的钥匙。

马克思主义美学观点产生以后，现代西方美学大致朝着哲学、心理学和艺术社会学三个方向发展，而**以心理学的研究方向为主流**，它们之间也常出现互相渗透、彼此包容的情况。

而在我国，**王国维**（图绪论–9）应是最早接受和介绍西方美学思想的大家。王国维、梁启超等还运用西方美学观点来研究中国古典文学某些现象。五四时期，在**蔡元培**（图绪论–10）"以美育代宗教"口号的号召下，以及在李大钊、瞿秋白、鲁迅等一些鸿儒的努力下，美学作为一门独立研究的学科在中国的学术地位得到了确立。此后，朱光潜、蔡仪、宗白华、陈望

图绪论-9　王国维
（1877—1927）

图绪论-10　蔡元培
（1868—1940）

道、李泽厚等学者对我国现当代美学的研究和发展都作出了重要贡献。当代中国美学研究的对象和范围不断扩大，内容也日趋多样化和精细化（如戏曲美学、园林美学、旅游美学、服装美学等），出现了前所未有的崭新局面。

第二节　美学研究的对象与范围

以上我们已经简要地了解了美学这门学科的发展轨迹，也知道了美学是一门年轻的学科。其实美学的"年轻"，除了它的学科历史较短外，还表现在至今人们对它的研究对象与范围还是众说纷纭、莫衷一是。

图绪论-11　（洪维　摄）

任何一门独立的学科都有它特定的研究对象和研究范围，美学研究的对象是什么呢？它所涉及的范围有多广呢？这些都是需要界定和解决的问题。由于美学是门边缘性的学科，它的研究对象包括主客观两方面内容，各时代的美学家们对**审美对象**存在的范围和**审美主体**，即人的认识，由于哲学观点与着眼点不同，因此产生了不尽相同的看法，存在着较大的分歧与争议。从鲍姆嘉通发表《美学》算起，国内外美学界对美学研究的对象与范围的看法可以归纳为下面四种：

一、认为美学研究的对象就是"美"以及它的规律

古希腊的柏拉图最早提出要研究"美"本身，他认为美不是具体事物的美，而是使具体事物称其为美的那个本质性的东西，即所谓"**理式**"。"理式"是一切事物美的根源。鲍姆嘉通创立美学的目的也是为了有一门独立的研究"完善的感性认识"的学科，他明确界定美学研究的对象就是美本身。但鲍姆嘉通并不排斥美学对艺术的研究，在他看来美学研究的规律可以应用于艺术，因为"美学是以美的方式去思维的艺术，是美的艺术的理论"（朱光潜《西方美学史》上卷）。在我国也有人持这种看法，他们认为：美学应当研究美和美的规律。但他们主张美学既要研究现实美，又要研究艺术美，但重点应当是现实美。因为艺术美是艺术学研究的重点，如美学把艺术作为唯一的研究对象，就会排斥现实中存在的各种美的现象，这会割断美学与现实的联系，这对于美学本身的发展不利。

二、认为美学的研究对象就是艺术

这也是古希腊亚里士多德在《诗学》中所首提的说法。到了黑格尔那里就变得更为明确，在黑格尔看来，只有艺术才是真正的美，美学的正当名称应该是"艺术哲学"，或者更确切一点应当把它称作"美的艺术哲学"。黑格尔说美学研究的"对象就是广大的美的领域，说得更精确一点，它的范围就是艺术，或者毋宁说，就是美的艺术"（鲍姆嘉通《美学》）。19世纪俄国文艺理论家车尔尼雪夫斯基尽管提出了"美是生活"的著名论断，但在谈到美学研究对象时，他也认为美学是一门"关于艺术的科学"。法国艺术理论家丹纳则干脆将自己的美学著作命名为《艺术哲学》。在我国美学界，持这种观点的人也不少。有的认为：人只有认识了高级形式的艺术美，才有助于了解低级的生活美；至于自然美，那就更需要具有艺术的眼光，才能现出它的美学意义。

图绪论-12　古印度雕塑

图绪论-13　[法]修拉画作

三、认为美学研究的对象就是人的审美心理

这种观点发端于休谟以及他代表的英国经验派美学。19世纪末以来，西方以实验美学、格式塔心理学美学、精神分析美学等为代表的**心理美学**获得了很大的发展。其中"移情说""心理距离说"等认为美学是研究人的审美心理的。他们所侧重研究的问题是"美感经验"，至于"什么样的事物才算是美"，也就是"美的本质是什么"则是次要的问题。那么何谓"**美感经验**"呢？美感经验就是人在欣赏美的事物时的心理活动。他们认为，事物之所以成为审美对象，是由于人的美感经验中心理活动的结果。因此，美学的最重要任务就在于分析这种美感经验。这点我们在后面第二章第三节会有具体阐述。

四、认为美学研究的对象就是人对现实的审美关系的理解

一些学者认为：人类在社会实践中，要与客观世界发生一定关系，人与世界的关系包括精神关系与物质关系，而精神关系中又含有科学、伦理、审美等关系。美学就是通过艺术来研究这种审美关系的学科。只有在认识人对现实审美关系的一般规律的基础上，艺术规律的特征才能得到揭示和理解。我国美学界也有不少学者赞同这一种观点。他们有的认为美学研究既包括审美主体，又包括审美客体，还包括主体与客体之间的关系，由于它较好地体现了辩证唯物主义观点，因而较全面地概括了美学研究的对象。还有的则认为：美学是一门关于人的审美价值的人文学科。它要研究的是人类独有的审美现象，美学以艺术为主要研究对象，并通过艺术来研究人对现实的审美关系，进而研究各种审美对象、美感经验、审美意识、审美范畴和美学思想。

由此可见，**美学的研究对象与范围**的争论是与看问题的角度和方法、边缘学科的发展、学科研究的不断深入、社会审美实践的发展有着较大联系的。考虑到这些原因，借鉴目前国内一些理论书的提法，我们认为，**美学应当是一门研究美、美感以及人对现实美和艺术美的审美关系以及审美教育的客观规律的学科**。为此，本书第一章谈论的是"审美客体"，即对抽象的"**美**"的一些基本认识问题；第二章谈论的是"审美主体"，即人的"**美感**"产生的一些特性与规律；第三章谈论的是"审美活动"，即人对现实美和艺术美的"**审美**"关系；第四章谈论的是"审美教育"，着重论述了"**美育**"及其在幼儿审美启蒙教育中的一些实际意义。希望能对大家初步认识这门学科以及它的实践意义有所帮助。

图绪论-14 （洪维 摄）

第三节　学习美学的要点与要求

高尔基（图绪论-15）说过："人们爱听悦耳而有旋律的声音，爱看鲜明的色彩，爱把自己的环境改变得比原来的更好、更美。"生活中到处都有美，问题是我们是否善于去发现美、欣赏美并创造美。而学一点美学理论能提高我们审美修养，帮助我们理性地去判断现实与艺术中的美，使我们的生活富有美

图绪论-15　高尔基（洪维　绘）

的情趣，使我们的内心不断充实，并能以积极健康的心态去面对自然与人生（审美观是人世界观的组成部分）。有位作家说过："众生是平等的……如果还有什么区别的话，就是幸福的含金量，就是你用多大的心来享受当下的美——同样一个橘子，有人几口就囫囵吃完，有人先闭目嗅它的清香，提神，然后剥皮，很美的造型，一瓣一瓣地吃，慢慢地嚼，舒缓地咽……如果人生有什么不同，应该从对待一个橘子的态度里就可见吧。"相信大家都希望自己能成为上面说的第二种人吧？接下来我们谈谈学习**《美学基础与幼儿美育》**要注意些什么问题？怎样学习才有好的效果？以下三点意见可供大家参考：

一、重视掌握基本概念

对概念的掌握是学习任何理论知识的前提，因为理论中的判断和推理都必须是建筑在概念基础上的。由于本书是美学的通俗读本，所以我们力求在文字表达上做到浅显易懂，但有些专业术语第一次出现时如不弄清其内涵就会造成后面学习的困难。如"审美主体""审美观照""优美""形式美""移情说"等这些概念都是在学习时要求我们掌握的。另外，我们还可以把一些意思相联系的概念放在一起作一些比较，以便不相混淆。如"美术""美学""美育"，"美"（形容词）、"美的""美感"（名词），"审美"（动词）、"欣赏""审美观照"这几组

图绪论-16 ［俄］哈巴罗夫斯克画作

精神上的愉悦"（"闻到花香很愉快"的意思）这样故弄玄虚的文字就会感到可笑了。

二、联系相关学科知识

美学脱胎于哲学，与伦理学、心理学、艺术理论有着密切关系。明确这种关系，对我们理解美学的一些特性有好处。另外，本书论述的"幼儿美育"与学前教育学也有着扯不断的联系，所以有这一学科的基本知识作铺垫对理解"审美教育"章节是很有帮助的。

哲学孕育了美学，美学在两百多年前一直是哲学的分支，早期的许多论述"美"的著名人物几乎都是哲学家，他们谈论美也是从哲学层面来展开的。直到今

概念之间的关系与各自的含义都是需要我们在学习时加以注意的。对书中没有讲透彻的概念，我们还可以通过查字典和上网查资料来了解它、掌握它。如"审美观照"是个看似难理解的概念，也是个时髦的词，本书谈它的文字不多。但我们却可以从网上获得有关它的许多信息。在了解它与"审美""欣赏"的关系后，我们就可用自己

图绪论-18 （清）虚谷画作

通俗的语言来概括它，用简单的例子来诠释它。通过这些也就知道了学一些美学基本知识也并非难事。进而对类似"审美主体对审美客体的生殖器官的外缘进行观照，进而产生

天，美学研究的许多观点与方法也必然要牵涉到哲学的基本问题，如审美客体与主体谁是第一性的问题其实就是一个哲学问题的延伸，又如黑格尔"美是**理念**的感性显现"就是基于其**客观唯心哲学**的一种观点。对哲学一窍不通的人是学不好美学这门课的。但美学研究的对象要比哲学具体、特殊、丰富，这是哲学代替不了的。

伦理学是研究人的行为准则——道德现象的一门学科，最重要的是它研究道德与经济利益和物质生活的关系、研究个人利益与整体利益的关系。善与恶是它研究的基本问题。而美学在谈到社会美时也会涉及**美与善**的关系，认为善是美的社会事物的基础。但美与善各自的

图绪论-17 ［意］维托里奥画作

特征是不同的，善的社会事物也会有其他的表现，但这不属美学研究范围，如恩格斯说的"没有爱情的婚姻是不道德的"就是从伦理的角度去看人类的情感问题，而美学所要研究的只是人类爱情具有的美的属性及与善相关联的问题，而其他婚姻中的道德不道德问题不属于它的研究范围。

心理学的历史要比美学短，它是门研究人的心理现象的科学。美学研究的审美心理活动与心理学有着密切关系，美学要进一步发展，必须要有心理学研究的成果作为依托。近代西方**心理分析美学流派**已成为美学主要流派。但美学研究的审美意识是一种特殊的心理现象，美学研究的也不只是审美心理，所以不能以心理分析来代替美学的哲学分析，美学研究有它特殊的范围与方法。

那样深透，它只要求对各艺术门类在欣赏与创作方面作一般性的研究。而那些绘画美学、建筑美学、音乐美学它们只是拿美学的一般原理来阐述具体艺术罢了，可看作是美学的一种分论或实践层面的探究。

学前教育学是一门特殊的教育学，顾名思义，它研究的是学前儿童的教育规律。"幼儿美育"在学前教育学的书里往往只是一个小的章节，而且论述较简略。本书的最后一章是对这部分的扩展，是与我们专业相联系的一个重要章节，讨论的是特殊对象的审美意识的启蒙问题。虽然它要用幼儿教育的科学理念来研究问题，但并不全面牵涉幼儿教育问题。

图绪论-19（洪维 摄）

艺术理论与美学相同的是它们都要研究艺术中的美，而且各类艺术理论的创立要早于美学，美学研究也依赖于人类的艺术实践，并经常以艺术理论中的论述为据。但人类追求美、欣赏美的活动历史则要比艺术活动早得多，美的现象也不只是存在于艺术领域。所以美学研究的视角要比艺术理论宽，它还要研究现实中的社会与自然领域里的美，它对艺术美的研究也不像艺术理论

三、结合本人审美实践

一个缺少艺术修养的大学生其综合素养是不完善的。这里的**艺术修养**并不是光指掌握某种艺术技能或是会空谈一些美学理论，而主要是指能培养一种好的审美情趣，并能用正确的眼光去欣赏、评判、鉴别各种美的事物。掌握一点美学知识不但能更好地享受艺术馈赠给

图绪论-20（洪维 摄）

我们的精美大餐，而且能深刻地去领略大自然的五光十色，并对社会生活中的美与丑有理性的认识。但是，如果我们对艺术完全是门外汉，平时不喜欢听音乐，对文学作品知之甚少，对书法、绘画等技巧一窍不通，那同样是有缺陷的。因为艺术审美需要依靠我们的敏感性，敏感性是一种**审美经验**。一般说，我们对某一艺术接触越多，对它的特性与技巧越熟悉，对它的敏感性也就越强，欣赏它时得到的精神愉悦也越多。社会上有些人为附庸风雅去听歌剧，结果把这种高雅的享受变成了"忍受"，有些人舍得花高价去追星，去看通俗性表演，却在欣赏优美的古典芭蕾舞剧《天鹅湖》时把注意力集中在数舞台上有几只天鹅上。凡此种种，究其原因除了缺少美学理论修养外，主要是所经历时代的原因，因很多情况下是他们长期无缘或无心去接触这些艺术使然。所以，平时多接触几门艺术，多参加一些艺术欣赏活动，多看一些艺术表现技巧的书，培养自己的雅兴，对学好美学、提高艺术欣赏水平无疑是大有裨益的。对自然与社会美的欣赏，道理也是一样的。

注重审美实践的另一层意思是，要求我们通过学习，树立起**正确的审美价值观**，并能把理论应用到审美实践中去，并在审美实践中发挥其指导作用，而不是只会纸上谈兵。生活中随时有许多美学选择题、问答题、案例分析题和论述题可由我们自选来完成。只要有心，尽管你不可能成为美学理论家，但却不影响你成为一名优秀的美的**爱好者**、**鉴赏者**、**评论者**和美的**收藏者**，成为一个精神丰富的生活的强者。另外，作为教育工作者，在日常言谈举止中着力塑造自己美的形象和人格，并用自己健康多彩的生活情趣与积极乐观的生活态度去影响教育对象，这也是一种审美实践，而且是一种高品位、高境界的审美实践。

思考与练习

一、为什么说"美学是门既古老又年轻的学科"？

二、学习一些美学基础知识对我们会有哪些帮助？

"如果你想得到艺术的享受，你本身就必须是一个有艺术修养的人。"（马克思）

小资料

鲁迅先生不大注意人的衣裳,他说:"谁穿什么衣裳我看不见的……"鲁迅先生生病,刚好了一点,窗子开着,他坐在躺椅上,抽着烟,那天我穿着新奇的火红的上衣,很宽的袖子。鲁迅先生说:"这天气闷热起来,这就是梅雨天。"他把他装在象牙烟嘴上的香烟,又用手装得紧一点,往下又说了别的。许先生忙着家务跑来跑去,也没有对我的衣裳加以鉴赏。于是我说:"周先生,我的衣裳漂亮不漂亮?"鲁迅先生从上往下看了一眼:"不大漂亮。"过了一会又加着说:"你的裙子配的颜色不对,并不是红上衣不好看,各种颜色都是好看的,红上衣要配红裙子,不然就是黑裙子,咖啡色的就不行了;这两种颜色放在一起很混浊……你没看到外国人在街上走的吗?绝没有下边穿一件绿裙子,上边穿一件紫上衣,也没有穿一件红裙子而后穿一件白上衣的……"鲁迅先生就在躺椅上看着我:"你这裙子是咖啡色的,还带格子,颜色混浊得很,所以把红衣裳也弄得不漂亮了。""……人瘦不要穿黑衣裳,人胖不要穿白衣裳;脚长的女人一定要穿黑鞋子,脚短就一定要穿白鞋子;方格子的衣裳胖人不能穿,但比横格子的还好;横格子的,胖人穿上,就把胖子更往两边裂着,更横宽了,胖子要穿竖条子的,竖的把人显得长,横的把人显得宽……"那天鲁迅先生很有兴致,把我一双短筒靴子也略略批评一下,说我的短靴是军人穿的,因为靴子的前后都有一条线织的拉手,这拉手据鲁迅先生说是放在裤子下边的……我说:"周先生,为什么那靴子我穿了多久了而不告诉我,怎么现在才想起来呢?现在不是不穿了吗?我穿的这不是另外的鞋吗?""你不穿我才说的,你穿的时候,一说你该不穿了。"那天下午要赴一个宴会去,我要许先生给我找一点布条或绸条束一束头发。许先生拿了来米色的、绿色的、还有桃红色的。经我和许先生共同选定的是米色的。为着取笑,把那桃红色的,许先生举起来放在我的头发上,并且许先生很开心地说着:"好看吧!多漂亮!"我也非常得意,很规矩又顽皮地在等着鲁迅先生往这边看我们。鲁迅先生这一看,他就生气了,他的眼皮往下一放向我们这边看着:"不要那样装她……"许先生有点窘了。我也安静下来。鲁迅先生在北平教书时,从不发脾气,但常常好用这种眼光看人,许先生常跟我讲,她在女师大读书时,周先生在课堂上,一生气就用眼睛往下一掠,看着她们,这种眼光鲁迅先生在记范爱农先生的文字里曾自己述说过,而谁曾接触过这种眼光的人就会感到一个旷代的全智者的催逼。我开始问:"周先生怎么也晓得女人穿衣裳的这些事情呢?""看过书的,关于美学的。""什么时候看的……""大概是在日本读书的时候……""买的书吗?""不一定是买的,也许是从什么地方抓到就看的……""看了有趣味吗?""随便看看……""周先生看这书做什么?""……"没有回答。好像很难以回答。许先生在旁说:"周先生什么书都看的。"

(引自萧红的《回忆鲁迅先生》)

第一章

审美客体

导读：生活中人们总能感到一些事物是美的，一些事物是不美的。那么我们感到的美是事物本身导致的，还是人的感觉所导致的呢？其实这一直以来就是人们争论不休的一个哲学命题。我们只有先用辩证唯物主义的方法解开这个谜，才能进一步去探究美的构成等问题。这一章我们主要来了解审美对象，即"审美客体"都存有哪些奥秘。

第一节　美的本质与特征

一、美学史上关于美的本质的探讨

爱美之心，人皆有之。生活中我们时时处处会遇到美，感觉到美，谈论到美，并在不断追求着美，我们的衣食住行也几乎都与美有关。但要回答什么是美，也就是说要对"**美的本质是什么**"进行理论概括却不是人人都能做到的。就如你喜欢穿红色衣服，她喜欢穿蓝色衣服，但是要你说出为何大家喜欢的颜色是不同的就很难了。因为这牵涉到穿衣服的人和衣服两方面问题，这也是美学中最重要、最基本、最难解决的理论问题。历史上中外美学家曾对这个问题进行过许多探讨，归纳起来主要有下列几类看法。

图1-1-1　[美]朴宋心画作

（一）主观唯心主义

主观唯心主义把人的主观心灵（意识、情感、想象、直觉等）看成是美的本源：18世纪英国经验主义美学家**休谟**认为美是主体的一种审美愉快。德国古典主义美学家**康德**认为美是主观的，不带功利目的的，"如果说一个对象是美的，……关键是系于我自己心理从这个表象看出什么来，而不是系于这个事物的存在。"意大利美学家**克罗齐**认为只有心灵世界才是唯一真实的存在，美就是"直觉"阶段的价值，知觉并不反映客观世界，仅仅是心灵情感的产物。在我国的古代文献《礼记》中就有"美恶皆在其心"的说法。明代主观唯心主义哲学家**王阳明**（图1-1-2）从"心外无物""心外无理"的命题出发认为美的根

图1-1-2　王阳明（1472—1529）

源在于审美主体的心中。如他认为：人没看花时，花与人的心一样是空寂无色的，无所谓美不美；是因为人看了花，花才美起来。早期**朱光潜**给美下的定义也是："美是心借物的形象表现的情趣。"而情趣是主观的东西，这一解释其实就是把美的本质归结为一种精神现象。

（二）客观唯心主义

客观唯心主义把存在于人以外的某种绝对观念看成为美的本源：古希腊哲学家**柏拉图**提出了"美是理念"的命题，认为一切事物的美都起源于"单一的理念"，就是说"美本身"使"一切美的事物有了它就成其为美的那个品质"。德国古典美学大师**黑格尔**继承发展了柏拉图的"美是理念"的观点，系统地对"美是理念的感性显现"的命题进行了论述，他把那种超越自然的"理念"（即绝对精神）看作为一切美的根源。在我国春秋战国时期，**孔子**从"天命"观出发提出"里仁为美"，把"仁"作为美的本源；**老子**（图1-1-3）把存在于自然之外的"道"作为至高无上的绝对精神，把"道"视作美的最高境界；**庄子**继承和发展了老子"道"的思想，

图1-1-3　老子（约前571—前471）

图1-1-4

以"无为"来解释"道",提出"天地有大美而不言"。这些都属客观唯心主义对美的本质的认识。

(三) 机械唯物主义

机械唯物主义认为**美就在客观事物的本身中**:古希腊的**亚里士多德**批判了柏拉图的"理念说",认为美就在事物本身中,在事物的秩序、匀称与明确的形式方面。毕达哥拉斯派认为万物最基本的元素是"数",认识世界就在于认识支配世界的数,美表现于数量比例上的对称与和谐。**荷加斯**在《美的分析》中,通过分析具体作品,提出了美的六条原则,认为"适宜、变化、一致、单纯、错杂和量——所有这一切的共同合作(彼此矫正、彼此约束)产生了美"。在他看来,直线不美,折线不美,蛇行曲线(S型)是最美的线条,因为它能表现动作。**博克**从人的审美感受出发,认为"美大半是物体的一种性质,通过感官的中介,在人心上机械地起作用"。他说的物体的美的性质包括比较小的体积、光滑的表面、各部分融为一体、娇柔的造型、净洁明快的色彩等,他认为是客观对象的这些性质决定了美的本质。

上述三大派在美的本质问题探讨和研究中,虽然都作出了一定的历史贡献,但都不能令人普遍信服,因为他们都没有真正科学地解决美的本质问题。除此以外,也有人试图从其他角度来探讨和研究美的本质,其中较为典型的是:

1. 狄德罗的"美是关系"说。

狄德罗(图1-1-5)是18世纪法国启蒙思想家的先驱,他上承亚里士多德观点,在解释美的本质时兼顾到客观、主观、自然、社会诸种因素提出**"美是关系"**。他认为"美"标记着存在物的一种共有的性

图1-1-5 狄德罗(1713—1784)

质,这个共有的性质就是"关系",这就是"美在关系"的含义。他还认为"一切能在我们心中引起对关系知觉的,就是美的。"也就是说,凡被称为美的东西都与它所处的环境有着密切关系。他还以高乃依的悲剧《贺拉斯》和莫里哀的《史嘉本的诡计》中的同一句"让他死吧!"为例来说明美与丑的存在是依据事物所处的关系而定的。在《贺拉斯》中,老贺拉斯的两个孩子为国捐躯了。他的女儿告诉他剩下的一个兄弟也上阵了,很危险。老贺拉斯听了这句话,毫不犹豫地说"让他死吧!"这句不丑不美的话,从整体联系起来看,表现了老贺拉斯的爱国精神,因而是美的。而在《史嘉本的诡计》中,史嘉本和他的主人在路上遇到了强盗,史嘉本逃跑了,后来别人告诉他,他的主人一个人抵挡了三个强盗,很

图1-1-6 [法]DUVAL画作

危急,要他去救主人。史嘉本不但不去救,反而说"让他死吧!"这句不丑不美的话,在这里表现了史嘉本丑恶的灵魂。这里狄德罗从**唯物史观**出发揭示了美的**相对性**。但他的主要缺陷是把美看作是由心灵中"悟性"唤醒的一种关系,把美和美感混为一谈了。

2. 车尔尼雪夫斯基的"美是生活"说。

图1-1-7 车尔尼雪夫斯基
(1828—1889)

车尔尼雪夫斯基(图1-1-7)是19世纪俄国革命家、哲学家、作家和批评家,他在1855年发表的《艺术对现实的审美关系》一文中向黑格尔的唯心主义美学进行了大胆的挑战,提出了"**美是生活**"的定义。他认为凡是那种与人的生活(指人们"愿意过的""所喜欢过的""我们理解的"生活)相联系,能作为人的一种暗示或使我们联想到人的事物才是美的。"美是生活"观点肯定了美的客观实在性,也并不否定人的主观因素在美的事物中的地位和作用,如以"依照我们理解的生活""我们愿意过的生活"中的"理解"和"愿意"就把人的主观因素考虑在内了。他还认为美是生活,但不仅是指社会生活,而且还包括自然的生命。这样,他就与狄德罗一样,在解决美的本质时兼顾了客观、主观、自然、社会诸种因素,肯定了美的客观性,肯定了美与现实生活的关系,这在美学史上是一个突破。但他未能确切地回答什么是"愿意过的""所喜欢过的""我们理解的"生活,明显地带有**主观主义**色彩。

(四) 马克思主义

图1-1-9 马克思
(1828—1889)

"对象是人的显示出来的本领"的命题是由19世纪德国哲学家**费尔巴哈**提出的,他认为"如果你对音乐没有鉴赏力,没有感情,那么你听到的最美的音乐,也只是像听到耳边的风"(《18世纪末—19世纪初德国哲学》)。马克思(图1-1-9)在《1984年经济学、哲学手稿》中发展了这一观点,提出了"劳动创造了美"、劳动产品是"人的本质力量的对象化"的著名论断,这一论点为**我们正确认识美的本质提供了一把钥匙**。

按照马克思的观点,所谓的"人"是历史、社会、劳动三者相统一的产物,是能将自己的生命活动变成自己的意识和对象的、具有能感

图1-1-8 [俄]希施金画作

受音乐的耳朵，能感受形式美的眼睛的社会化的人。所谓的"**本质力量**"是指人为了生存和发展所进行自觉的创造活动的力量。它包括人所具有的**物质力量**，如体力、生命力和其他本能；也包括**精神力量**，如思想、智慧、意志、情感等。而"**对象化**"则是指人通过创造性的实践活动，在目的的引导下，充分调动自己的本质力量，使产品成为人的本质力量与自然物质材料的统一，成为人的本质力量的物化和确证，人可以"**在他所创造的产品上直观自身**"。值得一提的是，之前黑格尔也曾解释过"对象化"，即"一个小男孩把石头抛进河水里，以惊奇的神色去看水中的圆圈，觉得这是一个作品，在这作品中他看出他自己活动的结果"（鲍姆嘉通《美学》）。在这里，小男孩抛石头的行为对象是河水，水中出现的圆圈就是小男孩的行为的体现，即所谓的"**对象化**"。之后，普列汉诺夫对此的解释则是：原始狩猎部族喜欢用凶猛野兽皮、角来装饰自己，用它们的鲜血涂身，这是"由于它们是勇敢、灵巧和有力的标志""他是在暗示自己的灵巧和有力，因为谁战胜了灵巧的东西，谁自己就是灵巧的人，因为谁战胜了力大的东西，谁自己就是力大的人"（《没有地址的信》）。

综上所述，**所谓美的本质就是审美客体以宜人的物质形式显现出对人的本质力量的肯定和确证，它是由主客观两部分因素构成的**。所以说，美的事物的存在是以人的存在为前提的。一切对美的事物的判断、品鉴与欣赏都是由人来完成的。因此，我们把从事审美活动的人称为**审美主体**，把审美的对象，即美的事物称为**审美客体**，有了这两者才有**审美关系**的存在。如没有客观存在的美，我们的美感就无从产生；若没有人对美的感知或引起的美感愉悦，那么美的存在我们也无从知晓。审美

图1-1-10 《簪花仕女图》（局部）（唐）周昉

的过程就是**客体与主体相互作用的结果**。

二、美的绝对性与相对性

美的绝对性是指美是一种普遍永恒存在的绝对价值。古希腊、文艺复兴时代还有新古典主义、经验主义美学家和思想家大半自觉地接受"绝对美"的概念，认为美可以单从形式上显露出来，并可以形成公式，让人们普遍地、永恒地使用。如柏拉图从客观唯心主义出发认为"美本身"是永恒的。博克列举了物体美的"较小的体积""光滑的表面"等七个客观性质，并认为是客观对象的这些性质决定了美的本质。**美的相对性**是指美是丰富多样的，是相对于其他事物而存在的（客观方面）。处于不同时代、不同民族、不同阶级、不同环境里的人审美标准和主观感受会有所不同。古希腊赫拉克利特所谓"最美丽的猴子与人相比也是丑的"就意识到美本身的相对性。狄德罗的"美是关系"本身就是对美的相对性的一种论述。中国古代人们对人体美认识的变迁，如"唐肥汉瘦"也显示出封建社会中不同时代对女性美的相对标准的思考。

马克思主义美学观认为美既有绝对性，又有相对性，**是绝对性与相对性的统一**。他认为美首先是不依赖于欣

赏者的主观感受而存在的，美的事物固然与周围环境、条件有关，但事物之所以美是因为自身具有美的特点，符合美的规律。另一方面，在特定的历史阶段与特定的环境中，各种具体事物与现象所体现的美只具有相对的意义。其次随着时间的推移与社会的发展，相对美所表现出的时代、民族、阶级等局限性会逐步得到淡化，并朝着绝对美的方向发展、进化。就如当初作为传达思想、消息或事件的巴黎圣母院、古罗马角斗场、埃及金字塔、中国古长城和传播宗教意识的拉斐尔的《圣母》、达·芬奇的《最后的晚餐》、供人顶礼膜拜的乐山大佛、作为冥官侍卫的秦始皇陵兵马俑，还有墨西哥的雕刻、波斯的地毯、中国的青铜器、官窑瓷器，它们的诞生谁能说都没有刻上时代、地域、民族的印记呢？而今天就像我们看到的许多世界历史文化遗产一样，它们已被作为人类共有的财富得到保护、得到全世界人民的瞻仰，这就是典型的例子。

三、美的特征

我们已经知道了美是不依赖于欣赏者的主观感受而**客观存在**的；美不是一种自然现象，也不是一种少数人私有的个别现象，它是人类社会实践的文化产物，是一种**社会现象**。美对人类不构成危害，相反具有对人有利、有用、有益的**功利作用**。这种功利作用主要是通过下面两点表现出来的：

图1-1-11 ［比利时］马格里特画作

（一）形象性

"**美**"是一类事物的**普遍属性**，"**美的**"则是具体事物的**个别属性**。以上我们所讨论的"**美**"是一种**抽象**的概念，但具有"**美的**"性质的事物却都是有具体的**形象**的，我们的感官是能感知到它们的存在的。自然中、生活中、

图1-1-12 ［意］郎世宁画作

艺术中的美都通过一定的形、色、声等物质材料构成的可感形象表现出来。山水草木、花鸟虫鱼、天地万物皆有生动的形态；绘画、雕塑、摄影、书法、影视、舞蹈、音乐、文学中的美，只有通过栩栩如生的形象，才能被我们的视听感官所感知，或借助语言感性材料唤起表象被我们所感知；社会生活中，美的人体、美的产品、美的装饰、美的环境、美的人格（外化为美的语言、美的举止、美的行为）也都是通过具体的形象表现出来的。**形象性**是美的最显著特征。因此黑格尔说过："美只能在形象中现出，因为只

图1-1-13 ［德］康洛德科萨尔画作

有形象才是外在的显现"（鲍姆嘉通《美学》）。中国古代对"美"字的解释都与"羊"有关，一说"羊大为美"（《说文解字》），一说"羊人为美"（用羊身上的物来装饰身体的人是美的），这同样都说明美同具体事物属性相联系，是以具体的形象呈现在我们面前的。利用艺术形象性特点来传播宗教则更是普遍现象。

（二）感染性

小说、音乐、舞蹈美的感染性与形象性有着密切的

图1-1-14

关系。在直观的形象面前，我们会充满感情色彩；而美的形象尤其会令我们心情舒畅、流连忘返。人被美的形象感染，不仅是种顺耳悦目的简单生理反应，而且是一种高级的精神享受。在这过程中人的各种心理功能和谐运动而产生一种愉悦，这是一种真正的心理上的共鸣。当人们置身于万紫千红、芳香扑鼻、蜂蝶环绕的鲜花丛中时，会被大自然那种神奇的美所**感染**、所陶醉，会感到心旷神怡；当人们面对那气势磅礴、巍然挺立的高山峻峰时，会被那大气磅礴的阳刚之美强烈震撼；当人们面对长空如洗、皓月当空、鲜荷亭亭、春水盈盈时，大自然无比丰富的、难以言尽的神奇的美随时都会敲动人的心弦，激起人的强烈共鸣和向往。社会事物的美也是如此，生活中，我们会被漂亮的容貌身材、高雅的谈吐举止所感动，会被自强不息、胸怀宽广、诚实守信、勤劳善良、清正廉洁的人格魅力所感动，会被尊老爱幼、互信互助、见义勇为、爱国爱家的社会风尚所感动。而艺术家创造的诗歌、绘画雕塑、摄影书法、建筑园林等各种形态的艺术作品，因为基于生活、又高于生活、比生活更典型、更集中，又是以情感的形式来反映生活的，所以比自然美与社会美更具感人的魅力。人们通过艺术作品获得**认识、教育、娱乐、宣泄**都是因为首先受到作品**美的感染**的缘故。

简而言之，**美存在于具体可感知的形象中，美的形象能感染人并使人身心愉悦；人们认识到美的存在是由于在美的事物身上看到了人的本质力量，美对满足人的精神需求具有积极的功利作用。**

图1-1-15 《苏格拉底之死》[法] 雅克·路易·大卫

思考与练习

一、举例谈谈美的相对性的含义。

二、结合下面这首诗所含的哲理，谈谈构成美的主客观两方面因素间的关系。

琴　诗

苏　轼

若言琴上有琴声，放在匣中何不鸣。

若言声在指头上，何不于君指上听。

第二节　美的构成及法则

存在于具体事物中的美，它所呈现的形态是多种多样的。为了研究它的各种特性，历史上许多美学理论家按照不同的前提和标准对它作过分类。如**按照美的构成**，把它分为形式美（外在美）、内容美（内在美）两类；**按照美的形式法则类别**，把它分为优美与崇高、悲剧与喜剧、怪诞与平凡等几类；**按照美的存在形式**，把它分为现实美（社会美、自然美）、艺术美；**按照美的时间状态**，把它分为动态美、静态美两类；**按照审美者对美的把握程度**，把它分为朦胧美、明晰美两类。而我们上面谈到的相对美和绝对美则是**按照美的关系性质**划分的。在现实的审美活动中，我们可以站到不同角度去对对象进行评判。如我们可以说黄山云雾的美是种**自然**性质的美，又可以赞美它是一种**形式**上的具有**动态**性质的**朦胧**的美，也可以同时从它呈现的淡雅、柔媚、轻盈这些特点，去欣赏它的**优美**之光彩。因后面我们要谈到形式美的法则，所以首先我们来认识一下形式美（外在美）与内容美（内在美）是怎样的一种关系。

图1-2-1　[法]莫奈画作

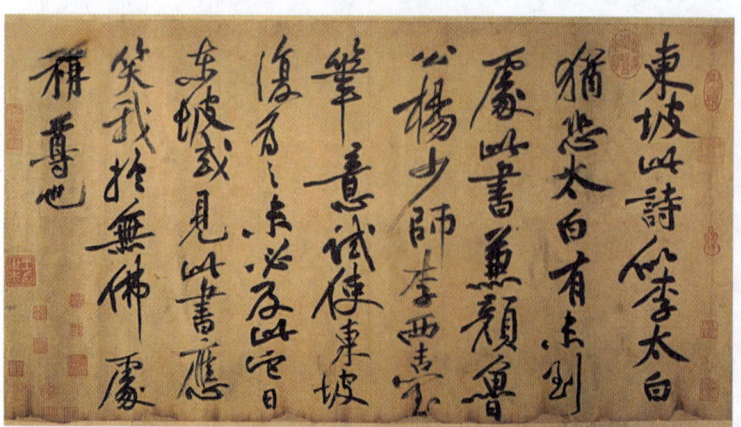

图1-2-2　（宋）黄庭坚（1864—1940）书法

一、外在美与内在美的关系

图1-2-3

黑格尔说过:"美的要素可分为两种:一种是内在的,即内容;另一种是外在的,即内容所借以显出意蕴和特性的东西"(鲍姆嘉通《美学》)。美所存在的具体的色、线、声、形以及由此构成的种种可被我们感知的形态就是**美的形式**;美的形式中所**蕴含**的那种社会内容,即体现了人的合目的性与合规律性相统一的原则的("人的本质力量")就是**美的内容**。任何美的事物都是美的内容和美的形式的和谐统一,也就是说不可能有脱离内容而存在的美的形式,也不可能有脱离形式而存在的美的内容。从辩证唯物主义观点看,内容决定形式,形式为内容服务又反作用于内容。而从美学角度看,在许多情况下形式的优劣则决定着内容的表达。有时**形式还可脱离内容而具独立的审美价值**,自然美就是一种形式胜过内容的美。另一种情况则表现为**内容的美胜过形式的美**,那就是社会美(人是社会美的核心)。而艺术美的创造中,艺术家主观上追求的总是达到**形式与内容的相对完美**。而像中国古长城、埃及金字塔、法国巴黎圣母院、古罗马角斗场这些举世瞩目的艺术巨作,它们的出现原本是以内容(即功用性)为主的,但随着历史长河的流淌,这些内容的外色逐渐消退,而**完美的形式则使他们的艺术生命永存**。这说明,在美的形式与内容的辩证关系中,存在着多种多样的表现形态。

二、形式美的构成要素

形式美在审美中具有重要的意义。中国古代有个"买椟还珠"的故事,故事中的那个郑国人就是被装珠的"椟"(木匣)的精美的外部**形式**所吸引,舍弃了他要买的**内容**"珠",而拿走了"椟"。形式美可分为外形式与内形式,**外形式**是指能被我们感官感知的构成美的事物外形的物质外在可显因素(如形、色、声等),**内形式**则是指运用这些因素按一定规律组合出美的事物的内部结构。如"椟"的色彩、形状、款式等是它的外形式,"椟"的材料之间的内部结构组合方式则是他的内形式。通常我们所说的形式美就是指外形式的美。因为我们的主要审美感觉

图1-2-4 (洪维 摄)

图1-2-5 (清)任伯年画作

图1-2-6

图1-2-7

显示有力，折线显示生硬，曲线显示流畅。**面**是线的扩大，当线带有一定的宽度后，就扩大为面，比如长方形，就是直线的平行扩大。**体**是面的组合，由二维平面变为三维立体，构成长方体、立方体、球体等。体的审美属性同面近似，现实中的体大多为立体构成，但作用于人的视觉的形象却多是以面的形式出现的（如绘画、摄影、影视中的形象）。在审美活动中不同的形状会带给人不同的审美愉悦。如女性肢体的曲线给人以流畅、灵活、柔和的优美感，呈正三角形的金字塔给人以稳重、安定、永久的联想等。

色彩就其物理性能看，其实是波长不同的光。阳光通过三棱镜的折射呈现出赤、橙、黄、绿、青、蓝、紫七色光谱，为我们揭示了光与色关联的奥秘。色彩是人们认识事物的重要依据，也是获得形式美的不可缺的要

器官是眼睛和耳朵，其他如嗅觉、味觉、触觉在审美中只起辅助作用，因此以下就来谈谈形状、色彩、声音三种构成**外形式**的可感因素：

形状是物体存在的空间形式，是形式美中最直观的因素，所以，它最早引起美学家的注意。毕达哥拉斯派认为"一切立体图形中最美的艺术是球形，一切平面图形中最美的是圆形"，亚里士多德说"美要依靠体积与安排"。博克把美的事物的特征归为小的、光滑的、逐渐变化的、不露棱角的等。

形状主要由线、面、体组成。线是点移动的轨迹，它是构成物体形状的基本因素。**线条**具有独特的审美意味，比如直线显示坚硬，横线显示平实，斜线

图1-2-8 ［美］玛丽·怀特画作

图1-2-9　[英]理查德·索恩画作

素。色彩美是人们最易感觉（除非色盲）而无须其他条件限制的一种美。所以马克思说："色彩的感觉是一般美感中最大众化的形式。"比起形状来，色彩的审美意味更浓，更普遍，更具有独立的审美价值。从心理学角度看，色彩能迅速激起人的情感，影响人的心理。西方实验美学派试验发现：情绪欢快的人一般容易对色彩起反应，而心情抑郁之人则易对形状起反应。色彩还会引起人的错觉。如一家工厂老板让工人搬运黑色的箱子时，工人埋怨箱子太重；后来把箱子改为浅绿色，工人则觉得轻多了。

色彩还往往具有某种象征意义，一般说来，红色含热烈兴奋，黄色表聪明欢乐，蓝色意味轻松安详，绿色显示平静稳定，而灰色则多寓抑郁阴冷。色彩的直观性、丰富性，使它的感情意味和象征内涵格外复杂，各种社会因素（如民族的、阶级的、时代的、艺术流派的）以及个人的审美差异都会对色彩美产生影响。如黄色在中国古代象征着皇权和高贵，而在西方则被认作是带有忧郁、贪婪、病态等寓意的颜色，因为告发耶稣的犹大的衣服颜色是黄色的。16世纪中叶，当西红柿刚从美洲被带到欧洲时，有人就因为它颜色红得娇艳就怀疑它有毒，还给它取了个名字叫"狼桃"，因在西方传统文化里红色并不像中国人那样象征热情、喜庆和幸运，相反有时往往含有邪恶和危险的意思。

声音同色彩相似，从物理属性看，它是由物体振动所引起的一种声波。人类听觉能够感觉的是每秒振动20—20000次间的声波，超出这个范围就成为人耳感觉不到的次声波与超声波了。

图1-2-10　编钟

这里讨论的声音是指现实世界发出的一切可被人感知的音响。在我国古代，声、音、乐三者是有区别的。**声**包括自然界的一切原始之声；**音**则为人所独有，是人表达思想感情的一种普遍的方式；而**乐**是经过加工创造

图1-2-11

图1-2-12　林风眠画作

的专门艺术了。所以属于形式美范畴的声音,通常是指那些能激发人愉悦情感的音响。

声音也有一定的**感情意味**,一般来说,高音显得激昂亢奋,低音则较深沉凝重;强音坚强有力,富有鼓动性,弱音柔和细腻,富于抒情性;纯音优美醇正,悦耳动听,噪音繁杂吵闹,令人不快。声音美的另一个特点是**对人感情刺激的迅捷性**。同形状、色彩相比,人们对声音美的接受和反应显得要灵敏、快速些。声音不但对人的审美活动具有重大的意义,而且对促进人的身心健康,美化生活环境,提高劳动效率都有一定的作用。声音的治疗作用早已被人认识到,四千年以前的古代埃及人已经知道通过巫医的咏唱去缩短妇女的分娩时间。古今中外许多医学家和美学家对**音乐的心灵治疗作用**有过很多研究。由于音乐疗法对一些疾病的疗效显著,现在在世界各地许多医院中还专门开设有音乐疗法的专科。现代研究证明,音乐的旋律是一种波动,而人的身体也有各种形式的波的运动,它们之间可以产生谐振;音乐的各种节拍、节奏,与人体各种生理节奏(如脉搏、呼吸等)之间如果配合好了,可以调节生理节奏。音乐使我们产生共鸣,引起我们的愉悦与手舞足蹈的奥秘也在这里。而自然界的一些原始之声引起我们的愉悦,则是由于它与自然物的形、色一起,使我们产生一种**经验性的联想**,我们的心境与之和谐相融的缘故。面对自然之声,有人会觉得"蝉噪林愈静,鸟鸣山更幽"(王籍),有人会觉得"飞流直下三千尺,疑是银河落九天"(李白),也就是此缘故。

三、形式美的构成法则

美依存于人类社会实践,并随着人类社会的发展而发展。它经历了由粗陋到精美,由"有用即美"到美用结合再到非功利的"纯美",由对自然、人类自身审美到向艺术、社会、科学、技术等越来越广大领域拓展的漫长的历史过程。人们在美的欣赏与创造过程中,不仅熟悉了各种构成美的**外形式**的要素的特性,而且对由各种要素构成的美的**内形式**的规律进行了研究,从而总结出了各种法则。通常人们认为符合下面几种法则的事物就是美的:

(一)整齐一律

整齐一律是形式美组合法中最简单、最常见的一种。例如同一款色的职业服装、接受检阅的仪仗队伍(图1-2-13)、有序安放的陈列商品、优美一致的舞蹈动作、重复的声音、重复的图案与颜色都属这种美。在实用性的建筑中这种组合占有统治地位,而在现代的象征性与艺术性的建筑中则很少看到整齐一律规则的运用。这种组合的特点是**一致和重复**。特征是给人以稳定、

图1-2-13

威武、气魄、质朴、有力、庄重而有秩序的感觉，在反复中还能体现一定的节奏感。但这种组合缺少变化，易流于单调、呆板，所以一般不单独运用。与整齐一律相反的杂乱无序无疑是不美的。

（二）对称与均衡

对称与均衡是形式美中最普遍运用的一种组合法则。"**对称**"指的是以一条线为中轴，左右（或上下）两侧均等。如人体与动植物的结构，许多建筑（图1-2-14）、园林、工艺品、对联、剪纸、服装、雕

图1-2-14

塑的结构都是对称的。由于对称表现为左右相向排列，视觉上也就存在着方向、位置上的差异。对称给人以沉静、安定、平衡的感觉，它能满足人的这种生理和心理需求。对称因其差异性小，还可以衬托中心，一般适于表现静态和富有装饰感的题材。

"**均衡**"也可以说是对称的变体，其特点是两侧的形体不必等同，但却能使我们在心理上感到平衡。摄影与绘画中对影子的处理、盆景与园林中的布局、寺庙中菩萨的供放、书法对联中墨色的分配、装饰性绘画与工艺品的造型、乐曲中各乐章的占比、古词中的上下阕文字安排、舞蹈中的队形都要讲究均衡。比较对称均衡显得有变化，显得比较自由。它表现的是一种稳定中的动感、有变化的相似。一件艺术作品如做到均衡就能给人以稳定、匀称感觉，就能满足人们欣赏作品时追求和谐的心理。

（三）比例与匀称

"**比例**"是指各部分之间或部分与整体之间在大小、长短、粗细等方面的数量占总体数量的比重关系，用于反映总体的构成或者结构。比例恰当协调，称为"**匀称**"，如人体以"增之一分则太长，减之一分则太短"为匀称。中国画画人以按"立七、坐五、蹲三"的比例所画的为匀称，画山水以按"丈山、尺树、寸马、分人"比例所画的为匀称。又如长方形的"黄金分割率"就是一个比例匀称的法则。在绘画、摄影、雕塑、建筑、音乐等艺术中都要运用到比例与匀称规则。

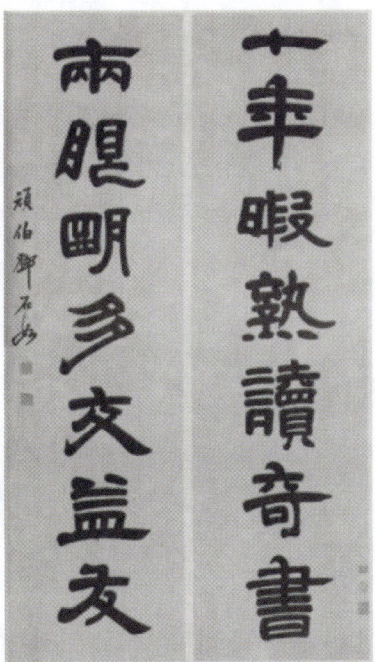

图1-2-15

图1-2-16 （明）陈洪绶画作

（四）节奏与韵律

节奏与韵律是来自音乐的概念。**节奏**是按照一定的条理、秩序，重复连续地排列，形成一种律动形式。它有等距离的连续，也有由渐变、大小、长短、明暗、形状、高低等排列所构成。在节奏中注入美的因素和情感，表现出起承转合、抑扬顿挫的变化情趣就构成了**韵律**。韵

图 1-2-17

律就好比是音乐中的旋律。节奏是韵律的纯化，韵律是节奏的深化。节奏富有机械美和静态美，韵律富于变化美和动态美。

在**音乐**的诸多因素中，节奏是最先形成的。音乐的节奏一是指音长短的交替，二是指强弱音的反复，它是音乐的骨架。节奏构成了音符的长短关系，**旋律**则体现出音乐的时间性与抒情性。

舞蹈节奏，是指动作在方向、力度、幅度、速度等方面的对比、重复或变化。而舞蹈的韵律则是舞蹈节奏的延伸和发展，是身体各部位之间和动作之间连续起伏的流动线条。舞蹈的表情性就体现在流动线条所形成的韵律中。

在**绘画**艺术中，节奏表现在形象排列组织的动作上，如《清明上河图》在形象排列上是按由静到动、由疏到密进行的，这就形成了一种节奏感。中国画在形象的排列组合中所表现的那种充满情趣的起承转合也体现了一种韵律（"气韵生动"）。

人称**建筑**是"凝固的音乐"，就是因为它通过节奏与韵律的体现而造成了有感染力的美。如梁思成分析建筑中柱窗的排列所体现的节奏感是："一柱一窗地排下去，就是柱窗，柱窗为 $\frac{2}{4}$ 的拍子；若是一柱二窗的排列法就有点像柱窗窗，柱窗窗是圆舞曲；若是一柱三窗，就是柱窗窗窗，柱窗窗窗排列便是 $\frac{4}{4}$ 的拍子"。

在自然和生活中也存在着节奏和韵律，如四季更替、日出日落、潮涨潮落、有规律的生活等。

（五）生动与完整

"生动"与"完整"在艺术批评与日常用语中两者一般是就内容而言的，如"这篇小说内容很生动"等。但在此是指一种形式美的组合方法。"生动"指美的形象的动态性给人以一种生命的活力，相反死板、呆滞则是不美的。如建于乾隆三十八年的故宫琉璃九龙照壁（图1-2-18），长20.40米，高3.50米，正面共由二百七十块烧制的琉璃块拼接而成，现实中根本不存在的九条龙在这里各戏一颗宝珠，翻腾自如、神态各异、生动之态、跃然于壁。而反观现实中曾经住在这里的慈禧太后身着华贵衣服的当年的照片，则是神色灰白、表情沉凝，勾不起我们的

图 1-2-18 琉璃九龙照壁与慈禧

美感。这样的例子无论是在**动态艺术**的舞蹈、音乐、影视中,还是在**静态艺术**的雕塑、绘画、摄影中都举不胜举。美的对象的一切生动的形式都因与人活泼的生命本能有类似处,所以对我们具有美的欣赏价值。

"完整"不是"整齐",它是相对于残缺而言,破损残缺与画蛇添足都是不美的。我们平时说的"残缺"与

图1-2-19 [美]Don weller画作

"残缺美"不是同一概念。残缺是一种客观存在,它本身不具备审美意义,我们不会去欣赏被截去了半边的书法作品,也不会说舞蹈《千手观音》最好都由聋哑人来演。至于断臂维纳斯所代表的"残缺美",一方面是由于它的"稀",人们对这件艺术珍宝的残缺显得无可奈何,另一方面是因它的"奇",它的与众不同的残缺诱惑着我们去猜想它完整时的样子,而从这一意义上讲,残缺也可算作一种美。当然维纳斯不残缺更好,因为人在审美观照时客观上是追求完美,而不会去追求残缺的。否则艺术品市场上也就不存在"品相"好坏与价格的高低的挂钩了。汉语中"完美""圆满""美满"就表达了以完整为美的意思。而书法创作中的"飞白"、篆刻艺术中的"破笔"、中国山水画中的"空白"、音乐进行中的停顿也不是残缺,而是一种有意而为之的艺术技巧,它的目的是引起欣赏者的想象,使作品的形式更完美。另外,现实艺术品中一切正常物体上的多余之物对美起到的也只会是破坏作用。

(六)多样与统一

多样统一又称**和谐**,它是形式美法则中的**最高级形式**。"**多样**"是指构成整体的各部分在形式上的差异性,"**统一**"也就是指事物的外形的大小、长短、高低、曲直等各部分各要素在形式上的调和及整体联系。**多样统一**就是把多种形式要素有机地组合在一起,使**差异性消融在整体中**,达到一致,因此它是形式美的总法则。世界万事万物所呈现的方式就是一个多样统一的状态。多样统一也是人探求世界万物原理的一种精神本质的体现。在人类的生产实践中,当创造一种复杂产品时,要求把各种因素加以有机地组合,以做到杂而不乱、变而有序、同中有异。久而久之,多样统一就成了一种人们创造与欣赏形式美的基本法则。艺术创造中,这一原则的运用可以丰富作品的内涵,增强作品的可赏性,提高作品的艺术品位。如乐曲中的各要素与风格的协调,园林、盆景艺术中的山石、水面、植物的布局构思,文学作品中主题、题材、人物、情节、语言、结构、体裁、手法等的总体构思,大到一个奥运场馆的设计与一个交

图1-2-20

响音乐总谱的创作,小到摄影取景、家庭装潢与穿着打扮,都有着"多样统一"的法则要求。达·芬奇的巨作《最后的晚餐》(图1-2-21)就是一个运用多样统一法则的典型。这幅画表现的是耶稣殉难前与门徒告别时的情景,画家利用宗教题材表达了人文主义对善的赞美。整个画作属于均衡型的构图,画面上耶稣站在中心位置,当他

说出"你们中间有一个人将出卖我"后，画面左右四组门徒作出了不同反应，而犹大则表现出恐慌和紧张，面部处在阴影中。当时虽为"一石激起千层浪"，但耶稣在此时则显得很平静，他的姿态和表情与门徒形成了强烈的反差，体现了**动与静的对立统一**；耶稣的背后是一面打开了的门窗，衬托了耶稣的形象，这是**明与暗的对立统一**；画面取的是中景，但房屋上面的结构清晰可见，两面墙与天花板的透视线延伸到远处，透过门窗可以看到外面的明丽风景，这又是**近与远的对立统一**；在这幅画中我们还可看**弧线与直线**、**疏与密**、**红与绿**，甚至还有**有声与无声**的对立统一关系。但这一切都统一在耶稣这个善的化身的人物的身上，透视的焦点在耶稣的脸上，情节是围绕他在最后的晚餐上讲的一句话展开的，整幅画的重心在耶稣坐的位置上下所以很稳定。这些使画面显得丰富而和谐，**多样统一**的形式美组合原则在这里得到了很好体现。现实社会中"和谐"也是人们孜孜以求的治国理政与生活美的理想与最高境界。

图1-2-21 《最后的晚餐》

思考与练习

一、节奏与韵律是如何在舞蹈、建筑、绘画中得以体现的？

二、以下图为例谈谈你对多样统一法则的理解。

（清）赵之谦篆刻

第三节　美的表现形态

审美客体呈现的各种具体形态是不尽相同的，引起人们的审美愉悦（心理感受）也是不一样的。美的表现形态可以归纳为以下三个有对比关系的类别：

一、优美与崇高

（一）优美

优美也叫**秀美**或**柔美**，它是一种**普遍存在的美**，平常我们所说的美就是指优美。优美的**本质特征**为：不与人们的艰巨曲折的社会实践和严峻复杂的斗争相联系，它一般是对事物正常发展规律和人们正常的社会实践的肯定；它不呈现为激烈的矛盾冲突，而表现为矛盾双方的暂时**相对静止状态**。优美事物的**形式特征**为：小巧、柔和、淡雅、细腻、光滑、圆润、精致、轻盈、舒缓、嫩弱、绚丽、微妙、秀丽、清新、幽雅、渐变等。就**整体**而言，优美对象外观形式与内容美是相互和谐的。**自然领域**中它**偏重于形式**，如清风白云、鸟语花香、幽林曲涧、江南春雨、水波涟漪等；**艺术领域**中它集中表现在内容与形式的和谐统一（**完美**）上，如柔美曲折的爱情故事与行云流水般唱腔相结合的越剧《梁山伯与祝英台》、幽幽长笛声描绘出的春天田园风光，还有"春花秋月何时了""满地黄花堆积"语句中蕴含的婉约缠绵的情调，还有水彩画的湿画法呈现的水韵朦胧的云霞、雨景等；**社会领域**中它**偏重于内容**，突出体现了真与善、合规律性与合目的性的和谐统一，如纯真稚拙的儿童、温柔妩媚的少女、文雅得体的言谈举止、和睦真诚的友谊、沁人心脾的挚爱、风格别致的劳动产品等。优美能给人以**轻松、愉快、和谐**的感觉，唤起我们**亲切、温馨、依恋**之情，能使我们热爱生活，灵魂得到净化，情操得到陶冶。

（二）崇高

崇高也叫**壮美**或**阳刚**之美，它是一种庄严的、宏伟的、动态的、奇特的、不拘泥于形式的、显示着主体实践斗争的美。其**特征**是雄伟、雄健、雄壮（刚劲、粗

图1-3-1 西湖

犷、豪放、坚硬、迅猛、凝重等），它的**形式**往往要突破匀称、光滑、柔和、平稳等特点，保留着主体与客体激烈斗争的印记。**自然领域**里的崇高都有着强烈的视听觉、力量感和运动感。如蔚为壮观的北美尼亚加拉大瀑布、神秘的神农架原始森林、一望无际的戈壁沙漠、博大壮丽的宇宙星空等。**艺术领域**中的崇高，一方面它往往表现和再现重大的事件、尖锐的矛盾冲突、宏大的环境和非凡的人物形象，另一方面它渗透着艺术家的崇高感情、愿望、要求和思想。表

图1-3-2 ［法］雅克·路易·大卫画作

现形式上也与自然中一样，都是以强烈的视听觉冲击力来震撼人的心灵，如交响乐《出埃及》、海明威的《老人与海》、苏轼的词、中国古长城等。**社会领域**中的崇高则表现为伟大高尚的人格、勇敢顽强的斗争、威武雄壮的群体、气势恢宏的场面等（如威武雄壮的火箭直冲云霄、奥运健儿勇夺桂冠的场面就能激起我们崇高的爱国情绪）。崇高的事物能让人**惊叹、激动**或使人产生**神圣感**，能鼓舞人的意志和毅力，使人正视自己的渺小与卑微，并激发人去和邪恶与困难作斗争，从而提高人的精神境界。但并不是所有具有崇高（**壮美**）特征的事物都对我们有审美意义。火山、大海、沙漠等只有当它们对人不足以构成威胁时，我们才有可能把它们视为审美对象，它们才有可能使我们产生崇高美感。

二、悲剧与喜剧

（一）悲剧

美学范畴中的悲剧不同于日常生活中的"悲剧"（一种比喻说法）。日常生活中的"悲剧"和"悲剧性人物"直接经历不幸、痛苦与悲伤，不具备审美特性。只有进入艺术范畴中的**悲剧**因与我们保持着一定的距离，使我们能超然地观照它，所以它才具有欣赏价值。它的表现也不局限于戏剧作品，还表现在小说、绘画、雕塑、音乐、影视等艺术样式中（例如童话《卖火柴

图1-3-3 《卖火柴的小女孩》

的小女孩》《去年的树》，小提琴协奏曲《梁山伯与祝英台》、舞剧《祝福》、油画《八女投江》、雕塑《自杀的高卢人》、电影《王子复仇记》等）。当然历史与现实社会生活中也存在着许多**悲剧性**的人物和事件，他们是艺术创作的源泉。

美学意义上的悲剧是指两种以上的对立的事物处于尖锐的冲突状态，并最终导致一方或各方毁灭（死亡是悲剧最高形式）的现象，即鲁迅说的"是将人生的有价值的东西毁灭给人看"（《且介亭杂文二集》）。其中被毁灭一方可以是物质性的人（包括进步力量、英雄人物与普通人物）或人造物，也可以是精神性的目标、愿望、理想（如劳而无功、壮志未酬、好心办坏事、善举招恶报、愚昧毁国宝、无知贬传统）等。悲剧**包含着一些崇高的因素**，但崇高不一定用"悲"来表现。悲剧对象、悲剧冲突、悲剧结局是悲剧的三个要素，悲剧中最深刻的是人的悲剧，最具审美价值的是悲剧艺术（如《窦娥冤》《罗密欧与朱丽叶》《雷雨》）。美学史上有将**人的悲剧**分为"命运悲剧"（如祥林嫂、窦娥、崇祯皇帝）、"性格悲剧"（如项羽、谭嗣同、哈姆雷特）和"社会悲剧"（如《茶花女》《高老头》《玩偶之家》）三种提法。

以艺术形式呈现的悲剧（**悲美**）能使我们痛苦与悲哀的情感**升华为愉悦**，从而更深刻地体察人生、认识世界、强化良知、完善人格，并体验崇高。

（二）喜剧

喜剧是相对于悲剧的审美范畴，它的表现也不局限于戏剧作品，还表现在相声、漫画、雕塑、音乐、影视等艺术样式中。它是指两种以上的对立的事物在冲突中表现出背离逻辑的、与现实错位，而它的结局又是愉快的一种现象。

喜剧的基本特征是"**寓庄于谐**"。"庄"是指喜剧的思想内容，即要求喜剧艺术真实地反映生活的本质，要求艺术家具有严肃认真的态度；"谐"是指喜剧表现形式是诙谐可笑的。要求艺术家善于通过诙谐的形式来表现特定的生活内容和思想感情。对于喜剧来说重要的是表现人物性格内在的可笑性，但并不是可笑的事物都是喜剧。美学意义上的喜剧是以笑为手段，起到否定假、丑、恶，肯定真、善、美的作用。

喜剧艺术往往通过在特定条件下，本质与现象、内容与形式的倒错、乖讹、背离、异常等形式，去展开矛盾冲突，塑造喜剧艺术形象。用鲁迅的话说就是"将那无价值的撕破了给人看"。喜剧对象（丑角）、喜剧冲突、喜剧结局是喜剧表现的三个要素。喜剧的内容有肯定与否定两类，表现形式有滑稽、幽默、讽刺、荒诞、闹剧等。**讽刺性喜剧**所反映的对象是社会生活中的腐朽现象，在于揭露旧事物内在的空虚与无价值。**幽默性喜剧**是以普通人的缺点和错误为描写对象，是在基本肯定的基础上作部分的否定，从而使人认识自己的不足，远离落后

与庸俗。**歌颂性喜剧**则是对正面人物和美好事物进行热情赞颂。

图1-3-4　东汉说书俑

人们对喜剧的体验有高低之分，由简单的笑料或噱头引起的笑，尽管也给我们带来短暂的开心，但往往由于其缺少内涵或趣味低俗，会使我们觉得其肤浅、无聊。而内容丰富、情趣高尚的喜剧则能使人在大笑中感到心情舒畅，继而引起我们对社会与人生的思考，并从中悟出哲理。马克思说："黑格尔曾经说过，实际上，喜剧高于悲剧，理性的幽默高于理性的激情。"（《马克思恩格斯全集》第15卷）这里的"喜剧"明显是指使人产生后一种体验的喜剧。

三、怪诞与平凡

（一）平凡

平凡是一种**特殊的审美形态**。平凡事物的形式特征为简洁、单纯、真实、质朴、原始、普通、中和、低调，但其内涵丰富、意味隽永，平凡不是平庸，平凡中有着不平凡的因素（因事物的外在与内在的彻底平凡化就会导致平庸）。它的审美价值在于衬托其他的美，用中和性化解矛盾，尽管本身不显山露水，但并不失去自我存在的价值。

自然领域中的平凡有山水日月、动植物的原始生态等；**艺术领域**中的平凡有简洁的造型、构图与色彩（如中国画色彩淡泊、线条朴实、构图简洁、主题含蓄、重在写意），平凡的题材与本真的人物（"作诗无古今，唯造平淡难"），自然朴素的表演与"人人心中所有，人人笔下所无"的构想等；**社会领域**中祥和、朴素的风土人情，还有儿童的天真想象、处事不惊的平和心态、普通岗位中的恪守职责与平常人物的爱心奉献等。

平凡给人以**平和、放松、平静**的心理感受，使人缩短与审美对象的距离，对它感到亲切，愿意接受它，从而发现自我，热爱平凡的生活。人们乐于反璞归真，喜欢形式简单的物品与生活方式，艺术创作中追求以简洁寓丰富，以平实见深刻，就是由于平凡具有审美价值之故。

（二）怪诞

怪诞也是一种**特殊的审美形态**。怪诞事物的形式特征为离奇、怪异、荒诞、变形，其特点是运用独特夸张的形象和异常离奇古怪、玄妙幻想的手段来变相地反映现实。怪诞所塑造的形象是讽刺漫画式的，欣赏者可以从中领悟到独特的思想意义。怪诞的对象是以**变态、变位、变形**的方式出现在艺术中的，它突出了艺术家的情感指向，使美脱离了生活的原态，与我们习以为常的事物拉开了距离，成为超越性的形象（如超人），怪诞是一种突破常规的美化形式，有艺术创造的巨大潜能，为艺术家的想象提供了独特的载体，有突破生活真实，达到不落俗套的艺术更高境界的充分可能。

图1-3-5　牦牛与女人

自然领域中的奇花异木、奇峰怪石、独特物种与气象怪态，**艺术领域**中的狮身人面、美人鱼、荒诞剧、童话及形形色色的现代派艺术，**社会领域**中的奇谈怪论、怪异的设计与打扮、荒诞不经的人物个性及其言论、举止都属怪诞之列。

原始人创造的艺术中的怪诞属于无意的怪诞，是一种对现实的观念化的低级摹仿，现代艺术家追求的怪诞则是对这一艺术手法自觉娴熟的运用，具有超强的主观表达色彩。

怪诞主要的审美领域在**艺术**中，自然与社会事物的怪诞引起我们的审美愉悦往往不如艺术中的怪诞强。怪诞的事物总是具有使人惊讶的视听觉效果，使我们感到严重不安，我们会对他产生陌生感、迷惘感和惊悸感，怪诞激发人透过形象去联想、去破译其中的密码，揭示事物的内涵，给人带来发现、创造与征服的快乐。

怪诞与**荒唐**都有"出格"的状态，怪诞不同于荒唐，荒唐表现的往往是人的一种消极、缺乏理性、不合逻辑的病态心理，怪诞包裹的则是一种积极、健康的思想美的内容。

图1-3-6

思考与练习

一、举出表"优美"和"崇高"形态的成语各10个（本节出现过的除外）。

二、阅读下面两段文字，指出从文风上看各具有哪种形态的美？

"艺术是一种有意味的形式。"（克莱夫·贝尔）

小资料

悼念朱光潜先生（节选）

季羡林

　　五十多年前，我在清华大学西洋文学系念书。我那时是二十岁上下。孟实先生是北京大学的教授，在清华大学兼课，年龄大概三十四五岁吧。他只教一门文艺心理学，实际上就是美学，这是一门选修课。我选了这一门课，认真地听了一年。当时我就感觉到，这一门课非同凡响，是我最满意的一门课，比那些英、美、法、德等国来的外籍教授所开的课好到不能比的程度。朱先生不是那种口若悬河的人，他的口才并不好，讲一口带安徽味的蓝青官话，听起来并不"美"。看来他不是一个演说家，讲课从来不看学生，两只眼向上翻，看的好像是天花板上或者窗户上的某一块地方。然而却没有废话，每一句话都清清楚楚。他介绍西方各国流行的文艺理论，有时候举一些中国旧诗词作例子，并不牵强附会，我们一听就懂。对那些古里古怪的理论，他确实能讲出一个道理来，我听起来津津有味。我觉得，他是一个有学问的人，一个在学术上诚实的人，他不哗众取宠，他不用连自己都不懂的"洋玩意儿"去欺骗、吓唬年轻的中国学生。因此，在开课以后不久，我就爱上了这一门课，每周盼望上课，成为我的乐趣了。

　　孟实先生在课堂上介绍了许多欧洲心理学家和文艺理论家的新理论，比如李普斯的感情移入说，还有什么人的距离说，等等。他们从心理学方面，甚至从生理学方面来解释关于美的问题。其中有不少理论我觉得是有道理的，一直到今天我仍然记忆不忘。要说里面没有唯心主义成分，那是不能想象的。但是资产阶级的科学家，只要是一个有良心、不存心骗人的人，他总是会在不同程度上正视客观实际的，他的学说总会有合理成分的。我们倒洗澡水不应该连婴儿一起倒掉。达尔文和爱因斯坦难道不是资产阶级的科学家吗？但是，你能说，他们的学说完全不正确吗？……他老老实实，本本分分，自己认识到什么程度，就讲到什么程度，一步一个脚印，无形中影响了学生……到了1949年北平解放前夕，按朱先生的地位，他完全有资格乘南京派来的专机离开中国大陆的。然而他没有这样做，他毅然留了下来，等待北平的解放。其中过程细节，我完全不清楚。然而这件事却给我留下了深刻的印象：朱先生毕竟是经受住了考验，选择了一条唯一正确的道路……现在人们常谈生命的价值，我认为，孟实先生是实现了生命的价值的……

第二章

审美主体

导读：自然中、生活中处处充满着美，罗丹说过"美是到处都有的，对于我们的眼睛，不是缺少美，而是缺少发现"。造就能发现美的眼睛和耳朵是社会文明进步的需要，也是一个人学会品味人生、享受生活、形成积极人生观的需要。下面我们通过对审美主体心理现象的剖析，来认识审美主体产生"美感"的原因，并使我们更清晰地理解"美感"。

在**审美的过程中**，就**主体**来说，他是一个有着"内心世界"的个体，在他的脑海里储存着过去的审美经验，并且在丰富的审美经验基础上，形成了个性化的审美情趣与审美理想。在艺术审美活动中，人是审美的主体，艺术品是审美的客体，审美主体与审美客体关系的建立是以审美客体的属性和审美主体的能力为条件的，二者缺一不可。艺术作品存在着美的属性，人们通过这个属性对它进行感知、理解，从而产生各种不同的情绪体验。贝多芬的音乐，特别是他的《英雄》《命运》《合唱》等交响乐，因旋律与节奏铿锵，风格悲壮，配器大气，体现了音乐家的伟大人格，所以总是给人以振奋和强大的精神力量。而追悼会上播放的哀乐因为旋律低沉，节奏缓慢，所以会使人产生哀伤情绪。"艺术美能不能成为审美主体的欣赏对象，既要看对象自身是美的还是不美的，也要看对方是不是艺术的知音。优秀的艺术作品能

图2-2（洪维 摄）

图2-3

图2-1（崔晓岭 摄）

不能成为艺术接受者的知音，还要看接触者是不是转化为接受者。"（王朝闻《审美谈》）所以并不是任何一个个人都能成为美的欣赏主体的，除**具备完善的审美感觉器官客观条件**外，要成为美的欣赏的主体还应具备以下四个条件：

1. 要有正确的审美态度。审美态度是人在进行审美活动时所持的一种心态。正确的审美态度应该是在主客体之间保持一定的心理距离，不能带有任何实用功利的情绪，否则就无法保持审美的客观公正性。正如梅尔文·雷德所说："一个人去注视波斯地毯，如果他在想'这值多少钱'，那么他的**兴趣**是在经济方面；如果他在思考'它是怎样制造出来的'，那么他的兴趣是在认识方面；如果他问自己'假如这条地毯归我所有，它能提高我的

社会地位吗？'，那么他的兴趣是在想摆阔……但假如观赏者不为那样的一些问题去分散注意力，而专心致志于毯子本身的视觉形象，如果他仅仅是在以一种鉴赏的方式去评价地毯的色彩和图案形式，那么他的兴趣就是审美的。"因为面对一个事物人可以有多种态度，**态度决定一切**，所以，并不是接触了审美客体就等于进入了欣赏过程。身临其境不知其美与对审美对象感觉缺乏审美性质，这两种情况都不能看作是对美的欣赏。美的欣赏中的审美享受是和审美主体对事物的价值观及审美再创造紧密联系在一起的。

2. 要有合理的审美情趣。 审美观是世界观的重要组成部分，审美情趣是人在审美活动中表现出来的带有情感指向的一种心理体验，它反映了审美主体的一定的世界观、审美程度和艺术修养水平。它有进步、落后、积极、消极、高尚、低俗等之分。健康的审美情趣会催人奋进，不健康的审美情趣会使人萎靡不振，甚至颓废。

3. 要有一定的审美能力。 如果没有审美主体的感受、认识、评价，审美对象就难以显示出它的意义和价值。因此，马克思说："从主体方面看，只有音乐才能激起人的音乐感；对于不辨音乐的耳朵来说，最美的音乐也毫无意义。"这里强调的就是审美能力在审美活动中的作用。但这种审美感受能力是在长期的审美实践中获得的，是随着审美阅历的丰富而不断提高和加强的。比如对音乐作品的审美鉴赏，需要审美主体有一定的音乐审美经验和相关的音乐基本素养等作基础。

4. 要有良好的审美心境。 审美心境是一种相对较弱的心理感受，这种感受可能表现出来的是愉快的，也可能是郁闷的。我们大都有这样的审美经历，如果我们心情比较愉快，对于一些不太好听的音乐也感觉不出什么不好听；如果心情沉闷，我们听到欢快的乐曲也感受不到它的积极情绪。如杜甫面对鲜花和鸟儿的啼鸣，发出的却是"感时花溅泪，恨别鸟惊心"的万千悲叹，这正是诗人在当时国破家亡、流离失所的境况下，以悲苦、绝望的审美心境而对审美对象发出的感慨。

综上所述，我们知道了审美活动具有指向性、诠释性、情感性、整合性等特点。另外审美主体与审美客体是审美过程中的两个基本方面，它们是相辅相成的一对矛盾体，我们只有弄清他们的基本特点和表现特性，"不仅通过思维，而且以全部感觉在对象世界里肯定自己"（马克思），才能够正确地进行审美活动，才能够真正创造美，我们的生活才会因我们的审美活动而变得更加绚丽多彩。

图2-4 《地毯商人》[法] 热罗姆

第一节　美感的本质与特征

美感和美一样，都是人类社会实践的产物。**美感**有广义和狭义两种。**广义的美感**又称审美意识，指的是审美意识活动的各个方面和各种表现形态，包括审美感受，以及在审美感受基础上形成的审美趣味、审美要求、审美体验、审美理想、审美想象等组成的**审美意识系统**。**狭义的美感**即**审美感受**，是指审美主体接触到当时当地客观存在的某一审美对象时所引起的**具体感受**。美感是审美意识的核心和基础。特定的审美对象，何以会引起审美主体特定的审美心理反应而获得美感，也就是美感的根源和本质是什么，这是研究美感的一项重要内容。

图2-1-1　［法］路易丝·维瑞画作

图2-1-2　［俄］Zhukovsky S.Yu画作

历史上的唯心主义美学家主张从人的精神活动中去寻求美感的根源，认为美感是与生俱来的，是心灵所固有的，与客观存在的美没有关系。如柏拉图就提出，只有少数由于"神灵凭附"而陷入"迷狂"的人，才能观照到最高的美即存在于尘世之外的理念世界中的"真正的美"。倾向于这一流派的人认为：人天生就有审辨善恶和美丑的能力，人们能凭着这种天生能力，即"内在的感官""内在的眼睛""内在的节拍感"等，即后来人称呼的"第六感官"来把握美的观念，直接观照到美。这些说法，既抹杀了现实世界客观存在的美，也抹杀了审美对象在美感形成中的作用，把观念形态的"美的理式""美的观念"绝对化、神学化，因而也就把人的审美能力神秘化了。这当然是不足取的。但是，他们却以神秘主义的方式肯定了美感是一种能够把握的某种理性内容的直接观照，肯定了主观审美能力在美感形成中的能动作用，从另一侧面发现了美感的特点。

旧唯物主义美学家则注意到了美感是由审美对象引起的人的心理反应，但却忽视了主体在审美中的能动性，因而对主体审美能力在美感形成中的作用估计不足。亚里士多德认为美不是如柏拉图所说的存在于"理念"世界，而是存在于我们经验的自然中。因此，可以通过摹仿美的自然或各种情感表现方式来表现人的各类情感，使人的情感在观照这些东西中得到净化，即获得美感。

以博克为代表的英国经验主义美学家，从"一切认识都起源于感觉"这一唯物主义哲学原则出发，认为美感是依存于客观事物中的可感属性的美引起的，即是由审美对象引起的人的感官的一种快感。但是，他忽视了美感的社会内

图2-1-3　非洲木雕艺术品

容和理性因素，把美感和生理快感简单地等同起来了，这就滑向了生理主义或感觉主义的泥淖，实际上也就把社会的人降低到了动物的水平。车尔尼雪夫斯基根据"美是生活"的命题，把美感看成是从对象身上观照到生活所引起的无私的快感："凡是我们发现具有生的意味的一切，特别是我们看见具有生的现象的一切，总使我们欢欣鼓舞，引导我们于欣然充满无私快感的心境，这就是美的享受。"但是，由于他不能科学地解释人的本质和社会生活的本质，认为人的本质取决于人的自然属性，将人的生活看成生物学意义上的生命活动，故不能从社会生活中真正找到美感的根源。

握不是主观自生的，它是在一定知识把握和长期思索基础上，由于某种原因才突然产生的一种顿悟。这种顿悟能力是在社会实践中通过教育和培养才逐渐形成和发展起来的。直觉思维的出现是突发性的，故又称为灵感。"**审美观照**"作为美学术语，是指审美主体对于审美对象通过感知、想象、情感等多种心理功能的综合作用而达到领悟和理解的感受方式。人们在实践中，合规律性和合目的性得到统一，通过审美观照，主体就获得了精神上的享受，情感上的满足。因此，马克思主义认为**美感的本质是作为审美主体的人用眼、耳观照审美对象时所产生的一种心理反应（如愉悦、悲

图2-1-4 《韩熙载夜宴图》宋摹本（局部）

马克思主义强调社会生活在本质上是实践的。实践活动规定着社会生活和人的本质，也必然最终规定着美和美感的本质。人们经过实践，不仅在对象世界中能动地、现实地复现自己的本质力量，创造了美，而且人们也能从自己所创造的世界中通过感觉直接观照到这**本质力量**，肯定这一本质力量，引起情感上的愉悦，这就是美感。因此，**美感是人对自身本质力量的观照**。"**观照**"作为哲学、心理学的专用术语，指的是通过**感性直觉**达到**理性内容**的把握的一种心理过程。**感性直觉**是指这种思维未经逻辑推理而是以"跳跃"的形式，一瞬间就把握了事物的本质和规律。但是，这种把

凉、激昂等），一种由快感和实用感升华而成的高级感情状态，一种精神享受。是人对自身本质力量的直接观照。**

美感和科学认识一样，都是人对客观世界一种能动反应的方式，都属于意识形态，但美感又有自己不同于其他意识形态的地方，这就形成了美感的特征。我们可将美感的本质特征归纳为三点：

一、美感的形象直观性

审美活动是一种感性的认识活动，而美感则直接来自审美对象，离开具体的形象，美感不可能发生。人要

图2-1-5 《吹笛少年》[法]马奈

认识形象的美，必须以**主动直接**的方式去感知对象。美感是人对一定的色彩、形体、线条等直接的感知或表象来进行的，即以对形象的直观性的方式来进行的。这是因为美的事物都有一定的感性形象，都具有一定的外部特征，不首先超脱功利，直接观照感知美的外部特征，是不可能产生美感的。无论是自然美、生活美还是艺术美，总要通过一定的形象表现出来，没有形象就没有美。美的形象有的可以通过文学语言的描绘被我们感知到，有的可以通过音乐的演奏经过我们的想象而体现出来。大海不显出深蓝的颜色，发出咆哮的波涛，艺术没有可感受的生动形象，是不能引起我们生动的体验和美感的。听别人介绍电影和旅游见闻，我们也不能体验其中的美。在音乐课中教师只通过讲乐理、解说旋律与歌词的关系，没有通过视唱与欣赏等活动，就很难使学生对歌曲表达的情调产生美的感觉。在美术课中如光听教师讲解线条、色彩、形神关系等，没有具体的绘画作品供学生观赏，也很难使学生体会画的意蕴。总之，没有直接可感知的具体的美的形象就无法使人产生美的情感体验。因为艺术的形象，除了来自生活，还有艺术家的创造成分在，加工过的艺术形象更能反映出事物的本质特点，因而它比之直观形象更有欣赏意义。黑格尔说："**美存在于感性意识中。**"美感总是在接触事物时立即**直接发生**的，因此，事物的外部特点，包括：颜色、形状、线条等在美感的产生中起着极其重要的作用。当然，事物的外部特点不能离开内容而存在，产生美感的源泉不仅在于事物的外部形式特点，有时还取决于事物的内容因素。

图2-1-7 黄胄画作

美感的形象直观性还表现在对美进行欣赏时我们是不需要借助抽象的推理或思考，不假思索便能**直接断定**对象的美。对此，杜勃罗留波夫曾经以艺术创造中的心理现象为例，指出："一个有'艺术家气质'的人，当他在周围的现实世界中看到了某一事物的最初事实时，他就会发生强烈的感动。他虽然还没有能够在理论上解释这种事实的思考能力，可是他却看见了这里有一种值得注意的特别的东西，他就热心而好奇地注视着这个事实，把它摄取到自己的心灵中来。"（杜勃罗留波夫《杜勃罗留波夫选集》第一卷）俄国著名诗人普希金在一首回忆爱情的诗中写道：

图2-1-6 （洪维 摄）

我记得那美妙的一瞬，

在我眼前出现了你，

有如昙花一现的幻影，

有如纯洁之美的精灵。

活动除直觉以外，还有知觉和概念。物可以呈于心者除形象外，还有许多与它相关的事项，如实质、成因、效用、价值等。在美感经验中，心所以接物者只是直觉而**不是知觉和概念**；物所以呈现于心者是它的形象本身，而不是与它有关系的事项，如实质、成因、效用、价值等意义。"（《朱光潜美学文集》第一卷）

在朱光潜看来，见到一株梅花，科学家会关注其植物的属性，商人会关注它的经济价值，而画家则只关心梅花自身，即梅花的芬芳和它虬枝横逸的姿态。显然，朱光潜的这一观点源自于克罗齐。克罗齐就曾经指出：不知月亮为何物的幼儿欣赏着它的美丽时，便是直觉；而一旦他会说"这是月亮"时，就已经远离直觉而进入到概念和判断的层次，从而也离审美经验越来越远了。

总之，美感的形象直接性，一是指美感始终要

图2-1-8　王淑辉画作

张生初见莺莺，"只叫人眼花缭乱口难言，魂灵儿飞在半天。"

在"美妙的一瞬"，人感受、领悟到了美，不仅为之吸引，而且为之动情：激动、振奋、快乐……实际上，我们看一片风景，听一首歌曲，读一首诗歌，往往首先不是经过一番抽象的逻辑思考，然后再来决定是否喜欢它，而是在片刻之间便感到对象之美同自己心意中的形象正相吻合，一下子就被它所吸引、感染。这也表明，审美经验总是首先与对象的感性特征联系在一起的，离开审美对象的具体感性特征，也就没有了审美主体的审美经验。有的学者便直接把审美经验的这种特性称为"直觉性"，如朱光潜在《文艺心理学》中就说："'美感经验'可以说是'**形象的直觉**'。形象是直觉的对象，属于物；直觉是心知物的活动，属于我。在美感经验中，心所以接物者只是直觉，物所以呈于心者只是形象。心知物的

图2-1-9　[德] Heide Presse 画作

在形象的、具体的、直接的审美对象中获得。二是指在对美产生感觉时是不需借助于抽象的推理和思考，凭借直观便能感觉到对象的美。

二、美感的精神愉悦性

审美活动是一种精神的活动，情感的活动。黑格尔说："**审美带有令人解放的性质。**"（鲍姆嘉通《美学》第一卷）即是说，审美是一种舒展的、自由自在的精神享

图2-1-10（洪维 摄）

受活动、情感活动。所谓**美感**就是人与客观世界所建立的审美关系中对美的对象所进行的感受、欣赏和品悟，它是主体在精神上、情感上所获得的一种**愉悦感和满足感**。例如欧阳修读诗会感到"陶畅酣达，不知手足之将鼓舞也"。清代一诗人在听琵琶曲后发出"久病复苏，奇痒得搔，心融意畅，莫可鸣言"之感慨；古人被音乐陶醉会感到"余音绕梁，三日不绝"等。

美感是一种情感，但不是一切情感都是美感。美感中**蕴涵着情感，渗透着某些理性**的心理功能，有着不自觉的理性认识内容。在审美活动中，**审美情感**不同于一般日常生活中的情感，它是一种经过理智陶冶提炼的、更为深刻的、自觉的情感。有这样一个传闻，一个剧院里在上演莎士比亚的悲剧《奥赛罗》，当演到苔丝德蒙娜死了，台下的一位军官怒不可遏，当场拔出手枪把扮演挑拨离间的坏蛋雅戈打死了。当他冷静下来，意识到这是无法补偿的过失时，自己也开枪自杀了。事后人们把两位死者埋葬在了一起，立起了一块墓碑，碑上刻着"最好的演员和最好的观众"。这虽然说明艺术的美感染了观众正直、爱憎分明的纯朴感情，但从美学角度来看，作为一个有艺术修养的观众应当区分一般的情感与审美情感，这样才能一方面对艺术形象产生强烈的情感，面对戏中的反面角色产生痛恨的情感，一方面也同时对扮演反面角色的演员产生赞美、肯定的情感。这才是一个真正有艺术修养的观众所产生的审美情感，从艺术形式上升到理智的精神的愉悦。美感也是一种广义上的**快感**，但它又有别于"饮食男女"生理需要得到满足而产生的那种**生理快感**（狭义）。

生理快感也能使人感到舒适，但它不等于美感，那么生理快感与美感有什么区别和联系呢？第一，生理快感是种个人生理满足性质的感觉，是人先天就有的动物性本能反应，具占有性质。例如婴儿饿了要吃奶等。而美感则是一种社会文化的产物，它不是人先天就有的，也不是由刺激直接产生的。它与人的文化修养相联系。

图2-1-11

图2-1-12

例如欣赏音乐美的耳朵不是先天就有的。**第二**，生理快感是种单纯的无须判断的感官享受，虽也以情绪方式表现，但属"痛快""爽快"情绪低级阶段，如热天喝凉水人会感到很舒服。而美感则是一种需要有鉴别（认识、理解）中间环节的心理满足，它不满足于客体直接提供的东西，而要通过表面理解到更多的东西。它使人获得身心双重愉悦，属高级的情感活动。**第三**，生理快感是种消费性的、短暂的对肌体的有限度的满足，对主体的精神不起作用，它是通过个别主体实践行为获得的。如跳迪斯科、喝酒、乘坐"过山车"、玩电子游戏等。而美感则是一种与客体保持距离的、主要通过主体的听觉与视觉获得的情感体验，它可深入人的内心，滋养人的灵魂。它有时还能与群体一起**分享**。如看电影、欣赏艺术作品。生理快感只是生理感官引起的舒适、快乐。之所以是生理快感，就在于没有理性的认识，没有精神的东西。这种生理快感所带来的不过是物质的声色、吃喝等欲望的满足。

图2-1-13 吴昌硕画作

图2-1-14 [法]Gruau画作

感的关键。愉快在先，判断在后，属于生理快感。判断在先，愉快在后，这就是一种审美感受。美感和快感的区别还在于，美感是为了提高人的精神境界，而生理快感往往产生于人的生理需要得到满足之后。

尽管美感也必然包含着快感，两者在体内是密不可分的，但美感又不等同于纯粹的生理快感。审美愉快绝不等同于吃饱喝足后的生理愉快，从这个意义上来看**审美愉悦**要远比单纯的**生理快感**深刻得多。

康德认为**愉快**在先还是**判断**在先，是区别快感与美

总之，美感的精神愉悦性，是指整个审美活动过程都带有一种赏心悦目的愉快的感情色彩，它使人的情感和审美需要在审美活动中处于和谐统一中。正是因为美感中的情感与思想相互渗透，才能使其超越生理快感的物质性局限，而成为精神性的情感愉悦。

三、美感的潜在功利性

美具有功利性，反映美的事物的美感也必定具有对人**有益**、**有用**的功利内容。美感的功利性主要表现为一种精神的功利性。在审美活动中，人需要得到鼓舞、娱乐或休息，带来精神愉悦，它是人的精神生活的重要组成部分。人类整个社会生活是由物质生活和精神生活两大部分组成的，两者互相影响，互相促进，相辅相成。美感的功利性不是给人以直接的物质实惠，而是给人以精神力量，间接推动物质生产，促进社会文明发展。正如普列汉诺夫所说："那些为原始民族用来装饰的东西最初被认为是有用的或者是一种表明这些装饰品的所有者拥有一些对于部落有益的品质的标记，只是后来才开始显得美丽的。**使用价值先于审美价值**。"（普列汉诺夫《没有地址的信 艺术与社会生活》）美感的功利性在于它不

是直接的、外露的，而是**间接的、潜在的**，它包含在审美愉悦、爱好、兴趣之中。从表面上看它没有任何的目的和内容，而实际上却包含着社会功利性。审美对象之所以引起人们的爱好和兴趣，即在于它对人们生活有利。"人们是不顾任何**实用**的考虑而喜爱美的东西的。"（普列汉诺夫《没有地址的信 艺术与社会生活》）格罗塞也指出，艺术的价值不止是审美，还有社会的价值。"艺术不是无谓的游戏，而是一种**不可缺少的社会职能**，也就是生存竞争中最有效的武器之一……人们致力于艺术活动最初只是**自己直接的审美价值**，而它们所以在历史上被保持下来并发展下去，却主要因为具有间接的社会价值。"同时他也强调了艺术**不要成为道德教化的工具**，"艺术只有致力于艺术利益的时候，才是艺术最致力于社会利益的时候。"例如中国古代山水画的功利性在于它表现了士大夫阶级徜徉山水之间那种恬淡超逸的审美情趣；又如徐悲鸿的马、黄胄的驴、齐白石的虾没有实用价值，但却由于作品"致力于艺术利益"，故能给人们审美愉悦。而作品能经受时间考验则是其同时具有的致力于社会利益的"间接的社会价值"。

美感还具有**想象的创造性**的特点，这点较好理解，这里就不赘述了，可参阅第三章第一节中有关"诠释法"文字。

总之，美感的潜在功利性，是指人在对事物产生的美感里蕴藏着、潜伏着巨大的社会功利和精神上的功利，即美感本来有具体的对人群体有用的功能，以后又演变为可以满足个人的精神需要的这种性质。

图2-1-15 （明）沈周画作

思考与练习

一、一个人是不是在任何时候都可成为审美主体？成为审美主体需要具备哪些条件？

二、查资料后，谈谈下面这首苏轼的诗对我们理解美感与快感的区别有何启示？

于潜僧绿筠轩

可使食无肉，不可使居无竹；

无肉令人瘦，无竹令人俗。

人瘦尚可肥，士俗不可医；

傍人笑此言，似高还似痴。

若对此君仍大嚼，世间那有扬州鹤？

第二节　美感的心理因素

审美感受是一种由审美对象所引起的复杂的心理活动和**心理过程**。由于审美主体本身受特殊条件的影响，所以审美感受的结果不是个体对客观事物简单地、机械地摹写。一般来说，审美感受表现为审美感觉、审美知觉、审美想象、审美情感、审美理性等心理活动。

一、审美感觉

审美感觉产生于审美主体与审美对象的相互作用中。感觉是人的一切认识活动的基础，是客观事物在人的头脑中的主观印象。审美感觉是人们通过自身各种感觉器官对客观的美的事物的

图2-2-1　[美] Richard S. Johnson 画作

图2-2-2　（清）陈枚画作

个别属性，如对各种色彩、声音、形状、硬度、温度等的**反应**。审美感受中的其他一切更高级、更复杂的心理现象，如知觉、想象、情感、理性等，都是在感觉所获得的感性材料的基础上产生的。黑格尔说过"**美存在于感性意识中**"。如我们阅读文学作品，首先感知的是它的语言，对自然美，我们先感到快适的往往是它们的色、光、声、形，对人体美的把握往往也是以**第一感觉**为基础的。

在各种感官中，**视听感觉**是最主要的。**视觉**是对美的感受最为敏感的一种感觉，**听觉**则能从阵阵松涛、叮咚泉水声这样单纯的音响中感受到美听的愉悦。视听感觉之所以成为主要的审美心理因素，是因为它们与触觉、味觉、嗅觉相比，更能引起人的精神活动，引起人的**心灵反应**。而触觉、味觉、嗅觉则是直接满足人的物质的需求，引起更多的是人的**生理反应**。虽然视听感觉是审美中最主要的，但其他的感觉在视听感觉和想象、情感、理性的帮助下，也可以形成独特的审美感受。如在城市家庭中用的花味的空气

图2-2-3　[比利时] 让-卡罗勒斯画作

清新剂，闭眼闻起来就像在大自然的花园中一样，也会使人产生美的感受。

审美感觉在审美过程中起着重要的作用。审美感觉与客观外界美的事物发生直接的联系，它为审美活动提供了丰富的**表象素材**。

二、审美知觉

在生活中，人们往往是以**审美知觉**的形式来直接反映客观存在的美的。审美知觉不只是反映事物的个别特征和属性，而是以感觉为基础，把感觉的材料综合为完整的形象，是对客观事物的**整体的反映**。审美知觉表现出三个特性：

首先是**整体性**。审美主体是通过大脑作用，依靠多种感觉的共同参与，来反映客观对象多种多样的特征和属性，并产生综合的、完整的知觉的。人具有在知觉活动中将没有章法的对象改造成具有一定的结构和形状的"完形"的能力，如果客观对象多种的特征和属性没有构成完整的统一体，它对人往往不能产生美感，甚至破坏美感。如我们在欣赏绘画作品时，总是通过把画面的色调倾向、物体组合、线条变化作为一个整体来感知的。我们欣赏音乐作品时，也总是把一个个音符组成的流动的旋律作为一个整体来感知的，这就是所谓的"乐感"。

其次是**选择性**。因为客观事物十分庞杂，种类繁多。人总是经过识别，有选择地以少数事物或事物的某些方面作为对象，而格外清晰地去感知它的。

在审美中，知觉经常充分停留在对象本身上面，在繁多的要素中选择自己需要的一种或几种要素加以欣赏。充分地去注意和观察对象的感性形态，如形体外貌、形态结构、色彩线条等。例如在一群人中我们会注意长得漂亮与打扮与众不同的人。正由于知觉的有所选择，它才不是一种被动的感觉。

第三是**理解性**。审美主体在对审美对象进行审美知觉时，总是用以前获得的有关知识和自己的实践经验来理解对象的。审美主体的知觉是在社会条件的直接作用和影响之下形成的。审美主体的经验、知识、性格、兴趣、需要对知觉都有或大或小的作用和影响。不同的人对同一对象的知觉往往是不同的，甚至同一个人在不同的时间地点的条件下，由于主观情绪状态的变化，对同一对象的知觉也可能是不一样的。如听交响乐时，有人对欢快的演奏注意多，有人对舒缓的演奏注意多。

人的审美感受是以知觉的形式存在的，而审美对象则是由许多个部分与要素组成的，如不能整体地、有选择地、有所理解地去把握它，美感就无从谈起。在审美

图2-2-4 （明）吕纪画作

图2-2-5 于非闇画作

过程中知觉心理因素的作用显得很重要。在实际欣赏活动中，感觉和知觉常常是同时参与并综合发挥作用的，但有时某种感觉会占主导作用。如我们看电影主要是靠视觉，但也要靠听觉等感觉器官。在语言艺术欣赏中，我们主要靠感知语言并通过语言唤起的我们知觉经验中的表象来感知作品的。

三、审美想象

人不仅能直接感知反映客观事物，而且还能在头脑中创造出新的形象，即没有直接感知过的事物形象，这种特殊的心理功能，称为想象。想象是人类在长期的劳动实践过程中逐步发生和发展起来的一种**心理能力**。审美想象是指审美主体开发思维中已有的感知经验和文化积淀，经过加工、改造分解，组合成新的审美形象的创造性的心理活动（联想是它的低级形式）。

图 2-2-7 ［法］路易斯·玛丽·德·施莱佛画作

想象是一个具有广阔内容的心理范畴。但审美活动中的想象是与情感相互作用，伴随着主体的丰富的情感进行表达的，它是不带直接的功利目的的（它不同于科学研究中的想象）。在审美活动中，想象的意义几乎是决定性的。它能使形象转化为意象，还能拓宽我们的审美感知。前者如我们欣赏诗歌首先是透过诗中的形象来理解它的意境，后者如我们欣赏中国山水画时，对画中的空白通过想象可领略到更丰富的东西。

图 2-2-6 ［澳］罗伯特·哈根画作

想象与主体记忆有密切的联系，没有记忆就没有想象，想象是凭借主体记忆所提供的材料进行活动的。它既是对记忆中的表象材料进行改造进而**创造新形象**的过程，同时也是一个对客观事物之间联系的重新组合的过程。所以，想象虽然具有较强的创造性质，但实质上仍然是对现实的一种独特的组合式反映。因人不能想象出在客观世界中没有任何依据的事物。想象具有形象的特点，并常与人们实践活动中的一定的需要、愿望和情感相联系。

想象可分为再造性想象和创造性想象两种类型。**再造性想象**是指在欣赏时，依据对象现有的特征和标志，将对象**诠释**成符合主体主观意愿的新形象。我们读小说时根据自己的经验、情感、思维模式对形象的想象就属这一类（如不同读者对"回头一笑百媚生"的杨玉环的美的想象是不尽相同的）。而**创造性想象**则是指在欣赏时，依据主体本身的经验、情感、思维模式**虚构**出符合自己情意的新形象。如**艺术创作**中用粘合手法塑造的机器猫、用夸张手法塑造的拇指姑娘、用拟人手法塑造的各种妖怪等就属这一类。

四、审美情感

情感是人对客观现实的一种特殊的反映形式，是人对客观事物是否符合自己的需要所作出的一种心理

图2-2-8 [美] Daniel Gerhartz画作

反应。**审美情感**是指审美主体对客观存在的美的**体验和态度**，是审美活动的中心环节。在整个美感认识活动中，诸如感觉、知觉、想象等都伴随着人的情感体验活动而进行，它是审美活动的重要**内驱力**之一。人的情感是复杂的。在审美活动中所产生的情感活动，是社会历史的产物，具有社会的内容和社会的意义，是人在长期实践中产生和发展的。情感离不开人对事物的认识，只有认识到的东西，人才能产生美感，伴随着审美过程的丰富的情感活动都是基于对对象的认识而产生的。"世界上没有无缘无故的爱，也没有无缘无故的恨"这句话也适用于对审美情感产生的解释。在审美活动中，主体的感知过程引起一定情感反映，在情感的影响下感知也会反作用于情感，引起更深的情感体验。而以情感为动力的想象活动，又推动着情感活动的自由扩展和抒发。如我们欣赏齐白石的画**《蛙声十里出山泉》**时，会因对画面感

图2-2-9

到美而想象出无限的诗意来，仿佛置身于夏日山涧，听到了流水潺潺与蛙鸣声声，感觉到植物清香沁人肺腑，一片美景使人陶醉，使人忘却烦恼与喧嚣。这就是想象与情感相互作用，不断丰富和深化的结果。我们观看自己国家的阅兵式会产生崇高美的情感，而观看其他国家的阅兵式时感觉会不一样也就是这个缘故。

由于主体情感不是对对象本身的客观反映，而是主体与对象之间的某种关系"整合"的反映，所以因主体经验、文化背景不同，渗透于其心理深处的情感表现也会不同，不同的审美主体面对同一审美对象，所唤起的审美情感有着一定的差异性。如同样听小提琴协奏曲《梁山伯与祝英台》，外国人与中国人、不同年龄的人、有过不同爱情经历的人，他们的情感反映是不会一样的。审美情感体验有积极与消极之分，有强与弱之别，最高表现形式是**激情**。有时审美情感会使我们把内心情感投射到对象身上，使对象看起来也具有我们一样的感情，达到由我及物的"移情"状态。如《西厢记》中崔莺莺长亭送别张君瑞时唱的"碧云天，黄花地，西风紧，北雁南飞。晓来谁染霜林醉？总是离人泪"就是主人公由于离别，以伤心的情感去看景物，觉得景物也有情感的结果。因为审美是种**高级情感活动**，美感的核心就是被美所**感动**，美存在于感性意识中。

五、审美理性

美学是门研究感性认识的学科。审美心理虽然不能离开感觉、知觉等**感性因素**，审美体验虽然说是一种情感体验活动，情感有时也的确有非理性甚至反理性一面，但理性却是审美中不可缺少的组成部分。如果要获得真正的审美感受，情感往往要有理性作支撑。理性是一种在感觉、知觉、表象等感性认识基础上产生的认识活动，它是通过概念、判断、推理的形式认识事物的。它反映的是客观事物的内部联系，人们通过理性思维能达到对事物本质的认识。与感觉、知觉、表象等对客观事物的

图2-2-10 [意]圭多伯雷利画作

图2-2-12 [德]约翰·乔治·迈耶·冯·布莱梅画作

直接的**感性反映**比较，理性对事物的反映更深刻、更完全。在审美实践中我们必然要对对象的内在本质和意蕴作出**理解**，进而对对象的美作出判断，所以理解是审美判断的基础。但审美理性不同于逻辑理性，审美理性往往具有"只可意会不可言传"的**朦胧多义**的特点。审美心理中的理性有三层含义：（一）对观照对象的态度是要非实用的，即**理性**地去对待对象的审美价值，而忽略其实用价值，并与对象保持"心理距离"。（二）对对象内容存在的背景知识的认识离不开**理解**。如不理解印第安人的生活环境、历史以及他们的内心世界，还有"魔幻现实主义"小说的特点，就很难读懂哥伦比亚作家加西亚·马尔克斯的《百年孤独》。不理解李白对现实的态度和其浪漫主义创作手法的特点，也很难欣赏《梦游天姥吟留别》中塑造的壮丽美景与诗人对现实的态度。（三）对对象存在的形式的认识离不开**理解**。如对印象派的画的欣赏需要我们理解它的表现手法，对电影的欣赏需要我们理解各种形式"蒙太奇"的手法，对京剧的欣赏也同样需要我们理解其各种程式和唱腔等特点。离开了理性欣赏活动就会受到局限。而在审美活动中，对对象"有意味的形式"的内在意蕴的领悟则更需要有理性的参与了。所以说缺少理论修养作铺垫的艺术欣赏往往是肤浅的。

在审美活动中，主体受自己生理与社会文化因素的深刻影响，并与以上各种心理因素融为一体、相互作用，构成了一种动态化、个性化的特殊的心理结构。

图2-2-11 梁卓舒（旅美）画作

思考与练习

一、参与审美感受的心理因素有哪些？谈谈它们之间的相互联系。

二、谈谈审美感受在艺术创作和艺术欣赏中的意义。

第三节　审美心理学流派

现代西方美学研究主要有哲学、心理学、艺术社会学三大方向。**审美心理学**又称"文艺心理学"或"心理学的美学"。按其本义，它应当是心理学的一个分支，研究审美心理活动和现象的规律。但**历史上出现**的形形色色的审美心理学，长期以来并不都归属心理学，大多属以心理学的**观点和方法**研究与解释审美和艺术现象的美学理论，主要还是**美学的一个分支**。这种情形直到本世纪20—30年代，随着**现代心理学**的进一步发展才逐渐有所改变。**现代西方美学**，一反以往传统的**哲学研究**方向，而朝向心理学美学与科学美学。**心理美学**用科学方法研究人的审美心理，偏重于**主体**；**科学美学**则用科学方法分析审美对象的结构与功能，偏重于**客体**。

图2-3-1　［意］Armano Romano 画作

审美活动离不开作为审美主体的人，人在创造和欣赏审美对象时所引起的感知、想象、情感、理解、共鸣、灵感等现象，都离不开人的生理和心理活动。早在古代人们就已注意到各种审美心理现象。19世纪后半期，随着生理学和心理学的发展，审美心理学才在德国正式诞生。19世纪末至20世纪初，审美心理学在欧洲取得蓬勃的发展，涌现了大批代表人物和著作，他们提出了一系列独到的学说。这一时期的审美心理学，摆脱了心理实验方法的局限，转向了对审美和艺术的本质作心理学的解释，侧重把心理学的观点运用于美学，并试图由此说明一切审美现象和艺术现象。随着现代心理学的发展，审美心理学达到了一个新阶段。一些新出现的现代心理学流派从各自不同的角度，直接开展了对审美心理活动和审美经验的研究，提出了一些新的更完整的审美心理学理论。下面就来介绍产生过较大影响的**四个审美心理学流派**。

一、移情说

"移情说"是在西方现代美学中影响最大的流派

图2-3-2　战争女神雅典娜

之一，也是心理学美学流派中最具有代表性的一种理论。对移情说作全面、系统阐明的是**德国**心理学家、美学家**立普斯**（1851—1914）。

图2-3-3

所谓**移情**就是以具体鲜明的可感形象为基础，以联想和想象为前提，将主体的情感渗透到客观对象上去的一种特殊的心理现象。在这里，客观存在的物或景是"移情"的前提，离开了物或景，"移情"也就失去了客观存在的依据。立普斯说："总之，在审美移情的瞬间，人的情感从有限扩大到无限，你把你全部的悲愁、痛苦都交给了外物，你自由了，你解脱了。总之，审美移情的体验包含了心灵的丰富化、开阔和提高。"

其实**移情现象**在中、西方许多文学作品中早有涉及。例如"矛头兴高采烈地闯进他的胸膛""那块无耻的石头又滚回平原"（《荷马史诗》），"此地别燕丹，壮士发冲冠。昔时人已没，今日水犹寒"（骆宾王《易水》），"我见青山多妩媚，料青山见我亦如是"（辛弃疾《贺新郎》）等。

在说明移情作用时，立普斯举的例子是希腊建筑中的**多立克石柱**（图2-3-4）。希腊的神庙建筑通常都不用墙，而用一排排的石柱来支撑屋顶的天花板。多立克石柱是希腊三种主要的建筑柱式之一。这种石柱很高大，外面刻着凹凸相间的纵直的槽纹。这种石柱的线、面和形体构成的空间意象显得很有生气。如果从纵向看，下粗上细的柱身和凹凸的纵直槽纹，会使人产生耸立上腾的感觉，并把这种感觉移到石柱上去了。如果从横向看就会觉得石柱会被重压压碎，同时也就产生了凝成整体的感觉，并会把这种感觉移到石柱上去。因此，无论耸立上腾还是凝成整体，都是观察者设身处地的体验，是一种错觉。

图2-3-4　多立克石柱

朱光潜先生给移情说下的定义是："用简单的话说它就使人在观察外界事物时，设身处在事物的境地，把原来没有生命的东西看成有生命的东西，仿佛它也有感觉、思想、情感、意志和活动，同时，人自己也受到对事物的这种错觉的影响，多少和事物发生同情和共鸣。"（朱光潜《西方美学史》下卷）简而言之，移情是形象化地表现情感活动的一种极为常见的方法。

立普斯从三个方面界定了审美的移情作用的特征：第一，审美的对象不是对象的存在或实体，而是**对象的形象**。第二，审美的主体不是实用的自我，而是**观照的自我**。第三，主体和对象的关系不是对立的关系，而是**统一的关系**。主体就生活在对象里，主体对对象的欣赏也就是对客观化的自我欣赏。由此可以看出，立普斯的"移情说"强调了审美主体的情感在审美活动中的能动作用，是建立在**唯心主义**的基础上的，但是把这种自我的活动应用到美感经验中却是立普斯的一大功绩。"移情说"是西方美学中影响最大的流派之一，它的建立是美学史上一件大事。它的影响是巨大的，以至于有人把它与生物学的"进化论"相比，把立普斯誉为**美学界的达尔文**。

二、心理距离说

以距离的观念来解释美感经验的，是**瑞士**心理学家、语言学家、美学家**布洛**（图2-3-5）。布洛1912年发表了《"心理距离"作为一项艺术因素与审美原则》的论文，用"心理距离"来解释一切审美现象，提出了著名的"**心理距离说**"。其观点也是**唯心主义**的，但在现代西方美学史上影响很大，是心理学美学的一个重要分支。

布洛提出，**距离**是一种美学原理，生理快感是种**无距离的快感**，而美感则是**有距离的快感**。他还提到：艺术欣赏要在心理上与功用保持距离。**距离说**确实说中了某种审美特性。审美之所以需要保持和功用的距离，那是因为美感来自视听直觉，审美

图2-3-5　布洛（1880—1934）

时，任何生理或心理上的满足或想象满足不但不增加美感，反而会破坏美感。又因为生理满足的同时往往没有距离，会削弱美感，所以有距离或不满足往往能增强美感。这也就是为什么距离说有相当的解释力的原因。

布洛认为：保持适当的心理距离是一个具有普遍意义的审美原则和艺术创作原则。审美的心理距离首先要求审美主体超脱对审美客体的**实际需要**与功利目的，即审美主体与审美客体之间的审美距离不能太近，距离太近和没有心理距离都不能形成审美观照。心理距离说同时又要求主体与客体保持"切身"的关系，这种关系中包含主体对客体的浓厚感情。审美主体与审美客体之间的心理距离也不能太远，如果审美主体与审美客体之间没有切身关系，客观事物引不起审美主体的注意、情感，也不能产生美感。

图2-3-6　[澳]达里尔特洛特画作

为了说明问题，布洛曾举过航海中人们遇雾的例子。布洛认为海上遇雾，乘客如担心有危险，就无审美可言；但如忘掉危险，把注意引向雾中景物，海雾就会给你非同一般的审美享受。在现实中我们也会发现：我们站在远处看火山喷发，就会产生雄伟壮观的美感。如果站得太近，就会感到安全受到威胁，就会失去审美的情趣。如果站得太远，以至于无法看清火山，我们的美感就会减弱，甚至消失。又如生活在黄山的人，对黄山已十分熟悉，已经不把黄山当作**审美**对象，而把它看成一种**实用**的空间。因为主体与客体几乎不存在心理距离。由此

图2-3-7

可见,在审美中,能够造成美感的是心理距离,能够造成审美心理距离的是审美态度。

"心理距离说"的核心是强调审美体验的**无关功利**的性质。布洛认为:事物有两面,一面是"**正常视象**",另一面是"**异常视象**"。所谓"正常视象",是指事物与人的功利欲望相关的一面;所谓"异常视象",是指事物与人的功利欲望无关的一面。在一般的情况下,事物的"正常视象"是"具有最强的实际吸引力的一面",因此我们的心总是倾向这一面,总是被事物的

图2-3-8 《墨竹图》(清) 石涛

功利欲望所羁绊而见不到事物的美。审美心理距离的获得是以审美主体的摒弃功利欲望为条件的。布洛强调说:"距离所造成的变化,可以说,——开始就是由于使现象超脱了我们个人需要和目的牵涉而造成的——总之,正如人们常说的,是由于'客观地'看待现象而造成的。"

从现代心理学的观点来看,布洛的"心理距离说"实际上讲的是人的一种特殊注意——**审美注意**。客观事物一般都具有非审美属性(如实用属性等)与审美属性

图2-3-9 [法] 恺撒·巴尔达西尼作品

这两面。在非审美注意的情况下,事物的非审美属性(如实用属性)引起人的大脑皮层的优势兴奋,因此,事物的审美属性被排除在注意之外,或仅仅成为一种"背景",人的注意集中指向事物的实用属性等非审美方面。如面对竹子,有时人们会被竹子的实用价值所吸引,而对竹子的美质不予理会。在这种非审美注意的情况下,也存在着"心理距离",但这种"心理距离"是指主体心理与客体的审美属性之间隔着距离。正因如此,主体只能感受客体的非审美的实用价值,而感受不到客体的

审美属性。但在审美注意中产生的"心理距离",是指主体心理与客体的实用属性之间隔着的距离,我们称之为"审美心理距离"。有了这种距离,主体的大脑皮层就会对客体的实用方面视而不见、听而不闻,会完全沉醉于客体的审美方面。由此可见,布洛的"心理距离说"揭示了审美注意在人的审美体验中的重要意义。

图2-3-10 《云白山清》(局部)(清)吴历

布洛关于"距离的内在矛盾"及其解决办法的论述,深刻地揭示了审美体验的规律,给艺术创作和欣赏以很大的启示。如艺术创作中经常运用的诗化原则、陌生化原则、变形原则、程式化原则,从一定意义上说,都是艺术家为了使作品获得理想的审美心理距离所采取的艺术处理。"心理距离说"也的确道出了审美欣赏的一些奥妙,抓住了审美的某些规律,尤其是对审美态度的研究有一定的独到之处,具有实用价值。但"心理距离说"完全割裂了主客体之间的一切功利关系,排斥审美的实用与认识因素,并把美归结为主观心理的产物,否定了美的客观存在,存在着较大的唯心主义美学体系的缺陷。

三、内模仿说

所谓内模仿就是**心理模仿**。19世纪下半叶出现的"内模仿说"的主要代表人物是**德国心理学家、美学家卡尔·谷鲁斯**(1861—1946)。卡尔·谷鲁斯从**生理学和心理学**的角度去研究美学,他认为:审美活动中普遍存在着生理和心理的内模仿活动。艺术创造与欣赏本质上与游戏是一样的,都是自由活动;但游戏并不都是摹仿性的,唯有艺术活动才是一种完全的摹仿。人只有以游戏的态度来观照对象时,才能有审美欣赏,而审美欣赏的主要内容又是一种"内摹仿"(即审美时在想象中把主体摹拟为客体)。他指出模仿是动物的最普遍的冲动,比如看见旁人发笑,自己也随之发笑,看见旁人踢球,自己的脚也随之要蠢蠢欲动。这类模仿就是属于**知觉模仿**,大半表现于外,成为肌肉的动作。而美感的模仿却多半隐藏于内不发作出来。比如,当我们听到教堂

图2-3-11 [荷]塔德玛画作

的钟声的时候，我们的肌肉也似乎随着钟声一紧一松，模仿钟声的节奏。但是这种节奏感却是内在的，尽管肌肉似乎有某种反应，但只是一种冲动，却并未发生动作。

所以，谷鲁斯把这种模仿称为"内模仿"，又叫作**象征性模仿**。在审美活动中内摹仿现象是存在的，即在审美活动中，主体在想象中把自己模拟为客体。我们在欣赏音乐、舞蹈、影视与体育比赛时都能体验到这样一种生理活动——**内摹仿活动**。

图2-3-12 （洪维 摄）

谷鲁斯把人们享受着内模仿的快感看作是最基本最纯粹的审美欣赏，是审美活动的主要内容。于是他得出结论：**所谓美感就是人们在内心对外物的象征性的模仿**。内模仿说是移情说的变种，都是从心理学的观点来研究美感。只是侧重点不同，移情说侧重于"由我及物"，内模仿说侧重"由物及我"。（心理距离说则是"物我同一"。）

内模仿说揭示了美感过程的生理变化特征，对于理解美感的生理基础和心理基础具有一定的价值。因为，美感既有心理变化，也有生理变化。谷鲁斯揭示了美感过程的生理活动的特征，有他合理之处。但内模仿说单纯地用生理变化来概括**美感特征**这显然是不科学的，是错误的。内模仿说把**美感的本质和根源**只归结为生理的内模仿，也片面夸大了它的作用，进而将生理快感与美感混为一谈，从而歪曲甚至否定了美感的客观内容和社会性质，带有浓厚的**神秘主义**色彩，是一种**唯心主义**美学理论，因而无法真正揭示美感的本质。

四、心理分析学派（精神分析学派）

图2-3-14 西格蒙德·弗洛伊德（1856—1939）

精神分析学是本世纪初发端于奥地利的一个新兴的心理学派。它的创始人是**奥地利医生**、精神病学家、心理学家**弗洛伊德**（图2-3-14）。弗洛伊德并不是一个美学家，但是他所创立的心理学对西方美学界产生了深刻的影响。

弗洛伊德认为**艺术想象**是一种**特殊的转移方式**，是一种"升华"。他认为从心理学观点来看，

图2-3-13 ［德］Grillhiesl 画作

艺术家介于梦幻者和精神病患者之间，他们三者的心理过程，在本质上是一样的。最高级的艺术型人最接近精神病患者，而最低级的艺术型人，则最接近梦幻者。弗洛伊德认为：**艺术起源于艺术家受到压抑后产生的下意识的本能欲望**，文艺是性欲的升华，**是潜意识的象征表现**，艺术创作就是艺术家的原始本能冲动转移到一种新的方向上去的升华过程。**艺术欣赏**就是艺术作品在伪装的形式下使我们充分地享受到欲望本身的快乐，**艺术的功能**不仅使艺术家受到压抑的本能、欲望得到一种补偿或变相的满足，而且还能变相地满足其他人的类似的欲望，成为对社会性疾病一种治疗的手段和对苦闷心理的一种解脱的途径。

所谓**替代性满足**是相对于真实性满足而言的。真实性满足是指人的欲望得到现实的满足，如饿了有饭吃，渴了有水喝等，而审美欣赏中的满足是不能实现的，只能通过想象使在现实中受到限制的欲望得到满足和解脱。艺术家创作的原动力是"不能得到满足的欲望"，艺术家在创作中让无意识的强烈本能在幻想中得到宣泄，再以艺术的形式表现出来便是艺术作品。艺术家在创作中按照深层欲望的标准来挑选内容，他从复杂的大千世界中只选取那些满足自己欲望的东西，不管艺术家怎样加以掩盖和改头换面，仍然万变不离其宗。弗洛伊德认为："凡艺术家，都是被过分的性欲需要驱使的人。"他认为达·芬奇在描绘各种圣母像时所激发的热情，就是他早年便离别母亲的思念情绪（即恋母情结）的升华；莎士比亚的十四行诗、惠特曼的诗篇、柴可夫斯基的音乐等，其中有些情节和片段是对渴求同性恋的热望的升华。由于他们不能在现实生活中得到满足，只好寄托于想象性的创造。他认为追求美并非艺术的直接目的，美仅仅是一种武器，是一种逃避现实的手段。艺术作品之所以具有魅力，就因为其他人和艺术家一样，也是在某种程度上遭受着同样的挫折，他们尽管也可以在梦幻中去寻求解脱的办法，但因他们不是艺术家，他们幻想的作品未免枯燥乏味，无法从中得到精神上的慰藉。

"**心理分析美学**"在西方影响很大，是某些**现代派艺术的理论基础**，现代派艺术强调表现主观感受与彰显自我个性与形式要素，他们对艺术价值的理解或多或少可从心理分析美学中找到理论影子。尤其是超现实主义艺术所强调的"只有梦幻与现实结合才是绝对的真实、绝对的客观"，主张把生、死、梦，现实、过去、未来结合在一起，把它们统一起来，他们在艺术作品中纷纷呈现出的神秘、恐怖、荒诞、怪异的特点，更是与弗洛伊德的无意识理论密切相关。所以说，"心理分析美学"注重审美心理特征尤其是对无意识和潜意识的研究，功绩不可抹杀。但由于它是建立在纯生物学基础上的学说，故反对理性，从根本上否定人的社会性，把美和艺术降低到纯性欲表现，这些观点是违背客观的，需要加以批判的。

图2-3-15 [俄]马克夏加尔画作

思考和练习

一、"移情说"和"心理距离说"各有什么特点?它们各自的局限又是什么?

二、通过从网上查资料和阅读下文,了解超现实主义绘画特点及与"无意识"理论的关系。

法国现代雕塑作品

"美的事物在人心中所唤起的感觉,是类似我们当着亲爱的人面前时洋溢于我们心中的那种愉悦。我无私地爱着美,我们喜欢它,如同喜欢亲爱的人一样。"(车尔尼雪夫斯基)

小资料

弗洛伊德理论

弗洛伊德理论有:无意识、恋母情结、抑制和转移等,其中与美学关系最大的是"**无意识**"理论。

弗洛伊德的"无意识"理论在他生活的前期和后期略有区别。前期他把人的精神活动分为两大部分:意识和无意识。**意识**是清醒的,却是无力的,不重要的,它只是心灵的外壳;**无意识**是盲目的,却是广阔和有力的,它对人类活动起决定作用,是心灵的核心,是决定人类行为的内在动力。无意识又分为潜意识和前意识两部分。**潜意识**包括人的原始冲动和各种本能,特别是性的本能。**前意识**则是介于意识和潜意识之间的一种心理状态。它是一种可以被回想起来,被召唤到清楚意识中的无意识。如果把人的整个心理比作一座岛屿的话,意识是露出水面的部分,无意识则是沉入水底的基础和主体。

图2-3-16 [加]Zademack画作

后期的弗洛伊德提出了关于人的心理分为三个层次的学说。第一层"**本我**"(又被译为"伊德"),相当于早期提出的"无意识"。它处于心灵的最底层,是一种动物性的本能冲动。它是盲目的、混乱的、无理性的,它不知道什么是好的,什么是恶的,也不知道什么是道德,只知道按"**享乐原则**"活动。第二层叫"**自我**",是一种能根据周围环境的实际条件来调解自己行为的意识。它按"**现实原则**"活动,因为在"本我"支配下,人的欲望不可能得到全部满足,人不能不根据实际情况来修正自己的欲望,决定自己的行动。第三层叫"**超我**",也就是良心、社会伦理道德的制约。它压制本能的冲动,不顾现实的利益得失,按"**至善原则**"活动。这三者相互矛盾、斗争,特别是"本我"和"超我"经常处于不可调和的状态之中。在这三个层次中,"本我"是基础,是强有力的人类行为的"内驱力"。无论是前期还是后期,弗洛伊德都强调**本能和无意识**的决定作用。

图2-3-17 [西班牙]达利画作

弗洛伊德的根本错误在于他完全否定了人的社会性,不理解人与动物的本质区别,用生物学的观点来研究社会、历史问题和人类心理活动。他研究的主要是"病态心理学",却硬把它说成是适合于整个人类的,结果把正常的人同精神病患者混为一谈。另外,他对审美心理基础的解释的片面性和武断性也是显而易见的。

尽管如此,弗洛伊德在对无意识和潜意识领域的心理研究,对病态畸形心理的分析研究等方面是有积极贡献的。他把现代心理学同文学的创作和欣赏联系起来,注重审美心理特点的研究,并指出了艺术活动的社会意义,发展了关于艺术家和艺术品的深层解读的方法和理论,其贡献是划时代的。

图2-3-18 [西班牙]米罗画作

弗洛伊德开创的精神分析美学在一个多世纪的持续发展过程中,对开拓美学的研究等产生了不可替代的作用,虽然他的理论存在缺陷和不足,但其合理成分却是值得继承和发扬的。

第三章

审美活动

导读： 我们已经解读了"审美主体"与"审美客体"的概念及相关内容，下面我们进一步来了解一下"审美活动"常用的三种方法，再来看看审美客体的三大领域（自然、艺术、社会）中的美是怎样呈现的，了解下面对这些美好的事物我们又该如何去欣赏？对不同客体的欣赏我们又需要注意些什么？带着这些问题，这一章将领你进入不同的审美境界。

第一节　审美活动性质及方法

一、审美活动的性质

审美活动本质上是审美主体在对客体进行感受、体验、鉴别、玩味、领悟、评判和再创造过程中，得到悦耳悦目、悦心悦神的审美享受和思想、认识、道德、情操等，获得审美教育的一种复杂的**心理活动**。它产生于人类的社会实践活动之中，它包括审美主体与审美客体两方面的因素。审美活动的结果依赖于审美主体已有的审美体验和审美情趣。

审美活动是**人类特有**的一种高级的认识活动，通过这种认识活动，我们能更准确地把握和区分生活中的善与恶、美与丑、真与假、伟大与渺小等现象，主动地、有意识地去追求真善美，摒弃假恶丑，逐渐成为一个有健康高雅的审美情趣的人，成为一个心灵充实的人，这对人的一生有重要意义。

审美活动有两种基本存在形式：**一是非独立的形式**，它渗透在人类的其他的实践活动之中。人类在进行各种各样的实践活动过程中，同时进行着审美活动，会体验到审美的愉悦，这些实践活动一停止，人的审美活动也就结束了。以后再进行这种实践时，又可能重新体验到这种愉悦。**二是独立的形式**。这种形式的审美活动是从其他实践活动中逐渐分离出来的。如人未在进行劳动时，也能观赏自然的美，甚至那个审美对象不在面前时，人也能在想象中体验到审美的愉悦。独立的审美活动又有

图 3-1-1　（洪维　摄）

艺术的和非艺术的两种类型，**艺术活动**是审美活动的**集中形式**。在实际生活中，艺术和非艺术的审美活动经常交织在一起，并且相互强化。

二、审美活动的主体与客体

在审美活动中，第一个必要因素是**审美客体**的存在。审美客体极为广泛多样，充盈于人类生活的各个领域。第二个必要因素是**审美主体**的存在，只有社会的人才能成为审美主体。在审美活动中，主体与客体是种相互联系、相互依存的关系，两者缺一不可。

就**客体**来说，它是主体欣赏活动的前提和基础，客体只有具备审美价值，才有可能与主体形成审美关系。如泰山没有它那厚重高耸的气势，就不能令游人驻足。

图3-1-2 千手观音

图3-1-4 [俄] Alexander Averin 画作

由21位聋哑演员表演的舞蹈《千手观音》如没有优美、抒情、多变的群体造型所构成的意境，那么六分钟的节目，就不会赢得观众十次掌声。

优秀的艺术作品反映了时代的文明程度，记录了社会生活的点滴历程、具有强大的**艺术感染力**。今天在音乐厅、大剧院还能继续上演古典芭蕾舞剧《天鹅湖》，每年一度的维也纳新年音乐会还在演奏一、二百年前的作品，达·芬奇的《蒙娜丽莎》，梵高的《向日葵》以及我国历代书画家的墨宝成了人类所共赏的精品，这都是因为这些不朽的艺术大作都经受了历史的检验，具有不朽的审美价值之故。

另外，客体的种种不同的**审美性质与特点**决定了**主体的欣赏效果**。如我们拿到一张新的50元的人民币纸币，尽管它背面的布达拉宫图案（铜版画）很美，但我们一般都不会去欣赏它，这是因为货币的性质决定了我们的注意指向。但同样是题为《春江花月夜》的作品，如它是一首诗，我们就会从它的语言中得到美感；如它是一幅画，我们就会从它的构图、色彩中得到美感；如它是一首乐曲，我们就会从它的节奏、旋律中得到美感；如它是一个舞蹈，我们就会从它的动态的人体造型中得到美感。再就是，主体的审美情趣与审美理想具有个人**独特性和不可复制性**，他不像思维成果那样可以被反复证明，它是只有在感知到符合自己情趣的东西时才会欢欣鼓舞，因为"口味是不能商量的"。

图3-1-3 （清）虚谷画作

三、审美活动的方法

审美活动的方法指的是在审美活动中，作为审美主体的人对审美客体所采用的方法。审美活动的结果如何，与审美主体所采用的审美方法有直接和必然的联系。我们在审美活动中一般都可以采取如下的一些方法：

（一）感受法：这是最重要的审美方法之一，它是指在审美活动中作为审美主体的人凭借眼、耳等感觉器官直接去**整体地感悟美**的方法。它是一个不须经过理性思维，而直接对客体的形式作长时间的停留，从而感受到悦耳悦目的感官的愉快的过程。感受法具有**综合、模糊、肤浅、短暂**的特点，但却是欣赏活动进一步深化的基础。人在进行审美活动的最初，往往没有预定的审美目的和方向性，所以通过感觉器官所获得审美感受也是调配合，才能感受到审美客体美的综合属性。比如，一个色盲的人就很难感受到绘画艺术的精妙绝伦。对于不能辨别音高的人也是不会感受到音乐旋律内在的美的。另外，感受法也要借助主体已有的感受经验。例如，对于一个有音乐素养的人，如果他的识谱能力够强的话，即使只给他一首乐谱，他照样能感受到音乐的风格及音乐旋律的内在美。

（二）鉴别法：这是一种在**感受的基础上凭借理性思维去认识美的方法**。它所依靠的是主体的**直觉和知识**。运用鉴别法应着眼于对美的因素以及它们之间关系的考察。这种方法依赖于审美主体已有的审美经验，并能对客体各因素进行理性的分析筛选，找出美与不美的属性，在美的事物中又分出主要与次要因素来。如欣赏时装表演时能注意到主要是欣赏模特所展示的服装，而不是模特的人体外形；欣赏自然风景时清楚山水风光的形、色、声等外在形式的美是主要因素，而文化的、实用的因素则是次要因素。

图3-1-5 《海》[俄] 盖瑞布科夫尼克

最直接、最自然、最朴素的，为我们更理性、更深入地去进行高级的审美活动提供了第一素材。如人体美具有其客观的标准，好多外部形式如身高与肩宽、"三围"等都有量化的数据和指标。但在现实中，我们感觉一个人的体形美不美则是直觉性的、综合性的，而不会去了解他（她）的数据和指标的。另外，一般的旅游者对自然风光的审美也是停留在这一状态上的，如第一次见到大海的人，面对阳光照耀下的一倾波涛总是模糊地去感觉它的美的，可能只会用"啊！"来表达他的那种赞美之情，而说不出这种美来自哪里。还有大场面的通俗艺术演出带给大众的也往往是那种悦耳悦目的感官的审美愉快（但它们往往会因缺乏深沉的情感、博大的思想，难于升华到一个很高的艺术境界）。

在运用感受法进行审美活动时，需要感受者有敏锐的洞察力。只有视觉灵敏、眼中有物、诸多感觉器官协

图3-1-6 （宋）汝窑瓷器

这种方法的审美大致可分为两个阶段：第一阶段是直接感受审美对象。这个过程是由于外界活动对人的直接刺激而引起的，是朴素的、自然的。它为进一步进行整合做好了铺垫；第二阶段是在直接感受的基础上，经由理性（如对对象特点性质、美学知识、与对象有关的背景知识等）的引导，对审美客体作出审美判断。鉴别法有较强的理性成分，但在进行审美判断时，审美直觉

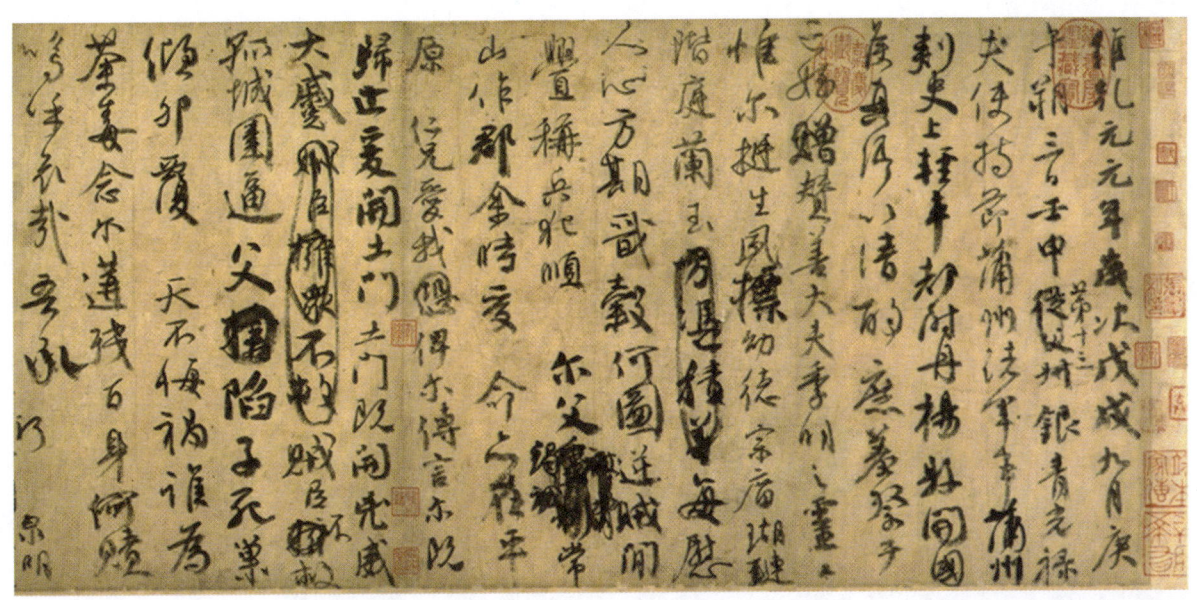

图3-1-7 《祭侄文稿》颜真卿

仍然是处于活跃状态之中，主体的情绪仍然是处于愉悦状态的，而逻辑推理在这过程中意义是有限的。黑格尔说过："遇到一件艺术作品，我们首先见到的是它直接呈现给我们的东西，然后再追究它的意蕴或内容。"这里说的"追究它的意蕴或内容"其实就是指运用鉴别法进行审美判断的第二个阶段。所以对于一些艺术精品，我们反复地进行揣摩、品味，每次都会有新的感受和体验，获得新的享受和教益，其原因就在这里。又如，对书法的欣赏只停留在直觉上，我们只能感到它写得"好看"或"不好看"。但如掌握了书法不但具有表形性，还有表情性的特点后，我们就可以透过字的线条的粗细、刚柔、断续，去领悟书法家的才学、志向，体会到他书写时的情感状态。如从颜真卿《祭侄文稿》的运笔畅达、遒劲豪放、多次出现渴笔枯笔中，我们可看到大书法家是怀着悲愤的心情，以英烈之气一气呵成完成这一千古名作的。

（三）**诠释法**：这是一种**在感受和鉴别的基础上，根据客体提供的各种审美提示（如意象、符号、细节等）作出审美判断**的方法。这种判断是不需要考虑是否符合创作者的原意的。诠释法是一种理性的审美活动方法，它要求审美主体有较高的审美水准和审美意识，从审美感受中获得审美升华，为审美创造做好铺垫和准备，它主要运用于艺术欣赏活动中。运用诠释法不能变成猜谜，也不能牵强附会或故弄玄虚，欣赏者应该根据对象所给的特定提示，独到地、创造性地去诠释对象的深层美学内涵和精神实质。诠释法对**审美创造**也有十分重要的意义。如指挥要对曲目进行诠释，中国画家要对笔墨进行诠释，诗人要对意象进行诠释。《手机》《英雄》《神话》等电影我们也可以理解为是编剧和导演在诠释片名的美学内涵。对现代派画家的作品我们如不运用诠释法，则是很难把握其大量采用的象征、抽象、变形、夸张等超现实主义绘画语言所表达的作品内涵的。如毕加索的立体主义绘画作品**《格尔尼卡》**是受西班牙共和国政府的委托，为1937年在巴黎举行的国际博览会西班牙馆而创作。画中表现的是1937年德国空军疯狂轰炸西班牙小城格尔尼卡的场面。作为一个具有强烈

图3-1-8

正义感的艺术家,毕加索仅用了几个星期便完成这幅巨作。《格尔尼卡》画面提供给我们的东西并不多,在这里,毕加索采用手绘的方式表现了那种剪贴的视觉效果。我们如了解了它的创作背景、立体主义绘画语言的特点并运用诠释法,就能从那一块叠着另一块的黑、白、灰三色"剪贴"图形中看到战争带给平民的恐怖与灾难,并对法西斯的野蛮行径产生强烈的愤慨和谴责抗议,进而祈祷世界和平、苍生平安。可见,艺术欣赏中诠释法的成功运用,不仅能揭示对象的美学内涵,而且能丰富和深化这种美学内涵。

以上三种方法是最常用的一般的审美方法,它们有时是单独运用,但大多数情况下则是综合运用的。而在对客体的整个欣赏过程中,我们的感知、联想、想象、情感、理性等心理因素始终起着重要的作用。

图3-1-9 《格尔尼卡》[西班牙] 毕加索

思考与练习

一、在审美活动中,如何把握审美主体与审美客体的统一?

二、举例简要谈谈如何在幼儿园音乐欣赏活动中运用"鉴别法"与"诠释法"?

第二节 自然美的欣赏

一、自然美的形成与发展

自然美是指客观世界中的自然物、自然现象以宜人的物质形式呈现出的美,它是人类**社会实践的产物,也是艺术美的基础和源泉**。日月星云、山川草木、花鸟虫鱼等的美都属于自然美的形象。高尔基说过:"在环绕着我们并且仇视着我们的自然中是没有美的。"其意思就是说在人类出现前日月星云、山川草木、花鸟虫鱼这些自然物与自然现象就已客观存在了。然而它们却是"自在之物",它们的美还没被人类发现。就是在人类社会

图3-2-1 阿尔卑斯雪山(洪维 摄)

的早期，自然美也没有出现，因为洪水、烈日、虎豹、山川这些自然物还时刻威胁着人的生存，与人处于一种对立的状态，所以人是感觉不到也无法去感觉它的美的。

只有当人类在生产实践的历史进程中，逐渐认识、征服了自然时，自然美才随之从无到有，并被人们不断地丰富、发展起来。

最早成为人们审美对象的是与人类生产实践密切相关的自然物。如以狩猎为生的原始部落喜欢用动物的皮、

图3-2-2　甘肃南部草原（洪维　摄）

骨、毛、血等作为装饰品，**动物**是他们最初的审美对象。尽管他们生活环境里有芳草鲜花和青山绿水等自然物，但在他们眼里，这些东西并不具美的属性。在农业和畜牧业分离（第一次社会大分工）后，原始人群分化为农业部落和游牧部落，农业部落的人们才开始欣赏**植物**的美。

后来，人类劳动性质更趋自由，人们就不再仅仅从实用出发来认识自然的美与不美，而是将自然同人的精神活动诸因素联系起来，从而发现了更大范围的自然美。孔子说："知者乐水，仁者乐山。知者动，仁者静。"这说明智者、仁者都是从自然物中看到了与人的值得肯定的品德的相似之处，从而欣赏、赞美水与山的。

再以后，当人有了闲暇时间，自然物、自然现象又不只被作为一种人格美的象征而受到赞美，而且也作为一种愉悦性情的对象而为人所欣赏。随着社会的发展，人们欣赏自然美的领域也越来越大。人类实践能力和科学技术水平的不断提高，也使那些过去无法为人类观赏的微生物、天体现象等微观与宏观世界里的物质现象美被人们所发现。而在将来，当人们的社会实践能力进一步提高，那么尚未被我们认识的自然物和自然现象也将与人们建立起审美关系。

自然物和自然现象能否成为审美对象，关键在于它们是否显示了人的本质力量。被人类劳动实践改造了的自然物和自然现象，如供人休闲的海滨浴场、放牧牛羊的大草原、纳入保护区的天然动物园是这样，即便是未经人类直接加工改造过的沙漠、森林、珊瑚礁、流星雨等自然物和自然现象，它们之所以成为审美对象，同样是因为人类通过社会实践已经掌握了它们变化的规律，知道了与它们如何相处，他们能给人带来精神愉悦与放松，它们的存在已经烙上了人类生活与情感的印记，所以它们被人赋予了特殊的审美价值。

图3-2-3　澳大利亚大堡礁（洪维　摄）

二、自然美的特征

大自然以它本真的存在、变幻无穷的形式、神秘深远的意蕴，才有了它无与伦比的美。自然性、形式性、变幻性是自然美最主要的三个特征。

（一）自然性

自然美主要以它的感性特征直接引起人们的愉悦，自然物与自然现象的色彩、形状、质感等属性对我们具有真实性，不带有人为造作和有意改造的痕迹。花开花落、潮起潮落、月圆月缺等都不以人的主观意志为转移，它们有着自身的宇宙运动法则及生命活动的内在规律。自然事物的这一属性也是它成为人类审美对象的基础条件。至于那些经过人类加工的自然景观，如园林、绿地等，现实中人们也都力求淡化人的意志，保留其天然的本色以显其真实的魅力。2. **质朴**：是指自然美所具

图 3-2-4

图 3-2-5

有不可忽视的审美意义。自然美的自然性体现在：1. **真实**：即指自然物本身所固有的性质及其存在与发展的规律是非人为的。它现实地存在于自然世界中，并遵循一定的规律发展、变化，显示出多变和节奏韵律之美。与艺术美、社会美等其他形态的美相比较，自然美更

有的自然、朴实不造作的性格特征。其形式特征都是亿万年进化和自然选择的结果，都是合理的。自然美离不开自然事物的自然属性，离不开自然事物与生俱来的自在的、特定的形体、色彩、线条、声响等因素，这是自然美存在的必要条件，否则，自然美便成了无源之水，无本之木。如九寨沟的水、黄山的云雾令人叹为观止，是由于亿万年以来它们一直以这样质朴的方式存在着。

图 3-2-6

自然美还有另一层含义，就是指人在社会生活与艺术创造中所表现出来的那种具有自然美的**质朴**、**真实**和天然去雕饰的特征，它已成为评价其他美的依据。

（二）形式性

自然美的形式性也是自然之所以能成为人的审美对象的主要原因。自然美的形式特征十分明显，欣赏自然美主要侧重于欣赏自然的形式美。在自然美的呈现中，事物的声、色、形、貌及其之间的相互关系是主导性的，而其

驼走大漠、惊涛裂岸、群峰巍峨中会发现**崇高**，从莺啼浓荫、鱼翔浅底、蝶舞花丛、杨柳依依、碧草青青中会体悟到**优美**。这一切都与自然事物自身所具有的形式美

图3-2-7 黄果树瀑布（洪维 摄）

图3-2-8 台湾海滨（洪维 摄）

构成因子有关。人们凭借在社会实践中所积累的审美经验，直接从它们的形式（形状、线条、色彩、声响、比例）中获得美感。例如：人们在自然的色彩中常常有这样的感觉，蓝色是天空和大海的颜色，故而引起人的阔大、深远、庄严感；绿色是春天的主调，所以在人们的想象中成为蓬勃的生机与热切的希望的象征。这些形式内在的意蕴往往是朦胧、含蓄、深远的。自然世界中作为审美对象的事物，首先是其呈现出的直观形式引发人的感觉和情感的，而不在于其所蕴含的价值和意义。在人看来自然事物的有些感性特征是美的，而另一些感性特征则是不美的，这往往是由这一自然物本身的形式上的美决定的。形式美是大量美的形式的提炼与概括，它源于自然的客观事物，是人类审美经验历史积淀的结果。我们从虎啸深山、鹰击长空、

图3-2-9 九寨沟的水（洪维 摄）

美都可以相对独立于内容之外，直接引发人的审美愉悦，并作为一种"习惯"和"观念"代代相传。其他如形状、线条、声响等形式美莫不如此。再到后来，人们便将具体事物的感性形式特征与具体事物剥离开来，加以抽象概括，进而总结出形式美的法则与规律。在欣赏自然美时，内在美并不支配人们的好恶和取舍，如我们欣赏老虎与蝴蝶是因为它们有着天然形成的美丽的外表，而不会去理会它们对人是否有害。这也说明欣赏自然美主要侧重于欣赏它们的形式美。自然美的形式性尽管处于主导地位，但这种形式也可以蕴含深层次的意蕴。

（三）变幻性

自然美的变幻性，是指自然的美具有不确定性和变动性。

首先，自然美的变幻性在于自然形象本身的**不确定性**。"风卷云舒、霞光夕阳"等都是那么富于变幻，情趣盎然，都是气韵生动的活的形象。大自然因所处**空间不同**会有多种形态特征。"横看成岭侧成峰，远近高低各不同"就是典型"移步换景"欣赏自然美的例子。大自然因所处**时间不同**也会呈现出不同的形态特征。同样的山川景物随着季节时令及气象的变化，会呈现出不同形态的美。如同一座山在不同季节有不同的状貌，如"春山烟云连绵，人欣欣；夏山嘉木繁阴，人坦坦；秋山明净摇落，人肃肃；冬山昏霾翳塞，人寂寂"（郭熙）。同是在岳阳楼上观洞庭湖，有时会"阴风怒号、浊浪排空"，有时却会"春和景明、波澜不惊"。另外，山水本身也是动态的，流水、飞瀑和浮云飘烟随时都在奔涌、变化，它们给山水增添了活力，随时体现着自然美的变幻性。潮起潮落、春华秋实、月圆月亏、燕去燕来、动植物的繁衍生长等也都是时间变化引起的自然美的画面。大自然的多面易变特点使本已经很丰富的自然美更加丰富无比。这也正是人们沉醉于大自然怀抱而流连忘返，很少有疲劳感、单调感和"审美疲劳"的原因。

图 3-2-10

图 3-2-11

图 3-2-12

自然世界的美实在是变幻无穷、缥缈不定的，它们的变幻还会引起人们不同的审美联想，带给我们无穷的愉山悦水的乐趣。如苏轼在《花影》中这样写道："重重叠叠上瑶台，几度呼童扫不开。刚被太阳收拾去，却教明月送将来。"这既是写自然变幻，同时也写出了作者心中的情感变化。

自然性、形式性和变幻性形成了自然美的三个主要特征。具体地说，自然美的自然性是自然美天然的非人为的属性，形式性是指它的形式因素具有主导作用，变幻性是指自然美具有变动特征。通过了解自然美的特征的一些重要因素以及构成组合美特征的诸种表现，无疑有助于提高人们对自然美欣赏的能力，同时也能由此而产生热爱、珍惜与人类息息相关的美好的自然环境与自然物种的情感。下面我们撇开动植物等自然物和自然现象，具体来谈谈自然美当中的"自然景观"的美。

图3-2-13

三、自然景观美的类型

所谓"**景观**"一般指与人类生活有关的**风光景色**，自然景观美可分为三种类型：

（一）原生态自然景观

它是指未受到人类社会实践活动影响，但与人的生活有一定联系的自然景观，如热带雨林、草原湿地、风花雪月等。原生态自然景观本质真实、质朴，形式独特，给人以**神秘与野性的美感**。它能满足人们多种审美情趣的需要，除了秀丽、幽深、清纯等优美外，它还为我们提供了领略空阔、博大、粗犷、惊险、壮美等审美天地（如泰山天下雄，黄山天下奇，华山天下险，峨眉天下秀，青城天下幽等）。人们感到原生态自然景观美那是因为它与我们的生活有较远的距离，我们可以在那里寄托自己的精神，释放自己的心情，可以赋予它以各种含义和想象，还可以赋予其以人性而向它"移情"。例如太阳，车尔尼雪夫斯基说它"美得令人心旷神怡"，是因为它是"自然界的生机的源泉，恩泽万物，也使我们的生活温暖，没有它，我们的生活便暗淡而悲哀""水由于它的形状而显现出美，辽阔、一平如镜的、宁静的水在我们心里能产生宏伟的形象"。又如翩翩起舞的蝴蝶、含苞欲放的鲜花令人感到具有青春气息和生命活力的美，汹涌澎湃的大海波涛、肃穆宁静的高山雪峰使人满怀庄严和赞叹的感情。黄河是中华民族的摇篮，也因为其九曲连环、一泻千里的自然感性形式，又以它见证了我们民族的伟大斗争和创造的历史而使我

图3-2-14

们感到有伟大神圣、汹涌磅礴、气吞山河的美。现代社会生活节奏加快、人们的竞争压力不断增大，看惯了高楼大厦的城市居民向往原生态自然景观、回归自然已成为现代文明的一种时尚和潮流。

（二）非原生态自然景观

其是指经过人类生产活动加工、改造过的自然景观。它有原生态自然景观的美的特征，又有人类物质创造的表现，它经常作用于人们的感性和理性。这类景观美不仅表现在本身的形式上，还表现着人类目标实现后所产生的成就感、愉悦感和满足感。它与社会事物的美接近，渗透着劳动者的汗水和智慧创造，体现着人的本质力量的对象化，是人化的自然。如一片充满生机的秧田、硕果累累的果园、波平如镜的水库、休闲度假的山庄都属于这一类景观。

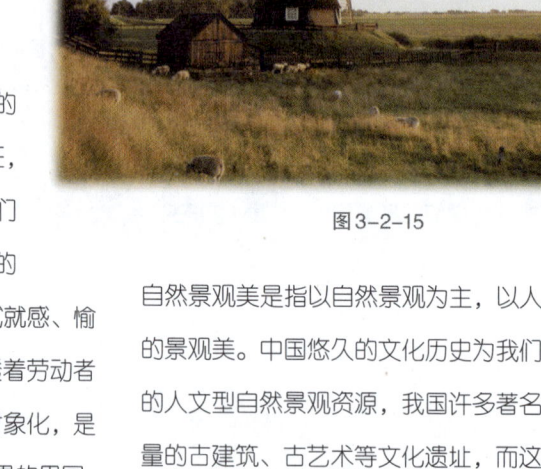

图3-2-15

自然景观美是指以自然景观为主，以人文景观为辅构成的景观美。中国悠久的文化历史为我们提供了无边丰富的人文型自然景观资源，我国许多著名风景区都留有大量的古建筑、古艺术等文化遗址，而这些地方又往往是民族、民俗活动和宗教活动的场所，因此还流传着许多神话、传说和民间故事，这就为景观增添了迷人的色彩。如我们到西双版纳旅游，除了看到郁郁葱葱的热带雨林景观、轻盈舞动的各种蝴蝶外，还会看到傣族"吊脚楼"和穿着民族服装的男女，观赏到少数民族的歌舞表演和大象表演，听到葫芦丝吹奏的柔和美妙的乐曲，品尝到各种当地特有的饭菜，还会去过一把"泼水节"的瘾。又如我们

图3-2-16

对此，高尔基说过"打动我的并非山野风景中所形成的一堆堆的东西，而是人类想象力赋予它们的壮观。"

（三）人文型自然景观

"人文"是指人类社会各种**文化现象**，包括了人类在发展过程中所创造的各种物质财富和精神财富，如各种建筑、设施、历史文化遗址、社会风土人情、文化传统、民族习俗及艺术作品等。人文

图3-2-17

图 3-2-18

图 3-2-19

到普陀山旅游，除了观看海上日出，到沙滩游泳，爬佛顶山外，还会去观赏寺院建筑和佛像以及一些对联，了解佛教名山的来历，听导游讲讲"磐陀石"的传说。在对人文型自然景观的游赏中，人们不仅领略了大自然各种审美特性，获得了精神的愉悦，而且通过观赏、体味、思索，直至升华为意境，了解了一个地方的历史与文化，激起了健康向上的审美情趣，使自己情操也得到了很好的陶冶。人文型自然景观是人们审美出"情"的主要对象，它往往也是一个风景区的灵魂所在。中国文化的重要特征之一就是重视人与自然的和谐统一关系，"文章藉山水而发，山水得文章而传"就是对此很好的注释。但对目前有些地方借"发展经济"为名新造的拙劣的"人文景观"往往给人以误导，这是我们在游赏时必须加以甄别的。

四、自然美的欣赏要点

我们要学会欣赏大自然的美丽，学会感受自然给予我们的享受。"一切景语皆情语"，法国雕塑家罗丹也说过："美是到处都有的，对于我们的眼睛，不是缺少美，而是缺少发现。"会欣赏自然美的人能像画家和诗人一样感受自然的魅力，理解自然的灵性；相反，不会欣赏自然美的人听到的只是声音，看到的也只是颜色，关心的可能也只是有什么土特产可供享受。那么，我们在进行自然美的欣赏时应该注意什么呢？

（一）面对自然、发现自我

随着人类实践活动的不断发展，那些起初和人类处于对立甚至危害人类的自然物被逐渐认识、征服、改造和利用，自然界就和人类变得亲切起来。因人从自然身上看到了自己的智慧、才能和力量。通过欣赏自然便会获得一种自豪、满足等审美愉悦。我们应该承认，人的性格形成与社会环境和自然环境有着密切的关系。"智者乐水、仁者乐山"就是说明自然界的山山水水与人的性格修养

图 3-2-20 武夷山地区（洪维 摄）

图3-2-21

有着很大关系。许多汉族人喜欢选用美的自然物作为自己的名字（如红梅、秀英、玉莲、亚萍、江涛、高峰等），文人雅士喜欢用自然美来象征人格美（如以松喻人之孤傲、以梅喻人之清高、以兰喻人之内敛、以竹喻人之亮节等），我国的一些传统节日也与自然美有关（如清明远足踏青、重阳登高望远、端午临水赛舟、中秋举首望月等），历代文人墨客留下了许多赞美自然风光和咏叹事物的诗句和美文（如陆游的"春色满园关不住，一枝红杏出墙来"、欧阳修的《醉翁亭记》等），这些都是因为人从"人化"的自然中看到了自己的力量与美的结果。人类依赖自然而生存，并从自然中得到情感与精神的寄托。自然美能使人看到自己，给人们带来欢乐，激发人思考，大大丰富人的精神世界。

图3-2-22 电影《阿凡达》场景

（二）把握时间、捕捉美景

前面我们已经谈到了自然美的特点，在自然美的欣赏中，我们不仅要通过这些特点去把握自然景色的审美价值，有时还要善于掌握时间，捕捉景观结构之间的差异和内在联系，进而更好地去把握景区整体的美的特质。古人云："登山则情满于山，观海则意溢于海。"其实这一点却不是每个人都能欣赏和体会到的。只有把握了自然美自然性、形式性与易变性的特点，我们才能去发现自然中蕴藏的丰富多样的美。如西湖的"柳浪闻莺""曲园风荷""平湖秋月""断桥残雪"是要我们在不同季节去领略的，但西湖在某一时段整体的美与各点的美就要靠每个游人自己去发现、去捕捉了。又如游九寨沟最好是秋天，游青岛海滨最好是夏天，因为欣赏自然美是要身临其境并与环境相互交融的，如对欣赏的时间把握不准，景色的美便会打折扣。

（三）多点观赏、动静结合

在欣赏自然美的时候，我们可以携带摄像机、照相机或写生本、文具等以培养图像记录、文字记录或语言记录的习惯。一来可回忆游玩情景，加深印象；二来可培养业余爱好，增加审美情趣。我们在摄像与摄影中往往会考虑到角度与取景，这其实也是欣赏自然美的一种多点观赏、动静结合的形式。自然景物处于开放空间的特点决定了欣赏自然美必须做到**多点观赏、动静结合**，否则就会"不识庐山真面目"。如目前有的景点有了观光缆车，乘坐观光缆车可以使我们从高处动态地、多角度地去观赏景区的多样风光。但要观赏景观的局部（如沉浸于鸟鸣山涧的意境，领受阳光之浴，闻取芳香一片，享受激流漂筏、飞瀑湿衣的乐趣），则需要我们或静、或动与景物近距离地接触了。

（四）调动感官、运用联想

欣赏自然美应从它的色、形、声入手，展开联想与"移情"，从而体察人生与宇宙，达到出神入化的境地。面对自然景观，我们可以充分发挥视、听、触觉功能，灵活地、自由地去欣赏自然对象整体或局部的美。除了将自然美景尽收眼底，将天籁之音尽纳于耳外，还可以用手去触摸山石与树干，用脚去亲近溪流与沙滩，用口去尝尝山肴与野薮，用鼻去呼吸清新与芳香。我国的自然资源十分丰富，古人对自

图3-2-23 （洪维 摄）

图3-2-24 （明）蓝瑛画作

然美的认识较早，我国传统美学思想主张欣赏自然美时主体应融入客体之中，不仅欣赏自然形式美，而且追求"意境"美。所以尽管我们可以直接感受自然对象整体或局部的美，但要深化对自然美的印象还需调动我们的丰富联想，根据个人的文化素养和审美情趣，注意从自然现象入手，通过想象而进入得意忘象之境界。如古人有从"大江东去"而想到"公瑾当年"，从"寒蝉凄切"想到"今宵酒醒何处？杨柳岸晓风残月"。从"明月几时有"想到"人有悲欢离合"，从观"巴陵胜状"而想到"先天下之忧而忧，后天下之乐而乐"等。而今我们也可游云南石林而想到阿诗玛的故事，观杭州灵隐飞来峰而想到济公的传说。许多以自然（包括人体）为题材的摄影、绘画与工艺作品把自然景物的瞬间美凝固起来，也可以说是艺术家**调动感官、运用联想**欣赏自然美的结果。而音乐作品《田园交响曲》《雨打芭蕉》《我爱你塞北的雪》《幽兰逢春》等则是作曲家把这种视觉美转化为独特的听觉感受的典型例子。

需要强调是：一个真正的自然美的欣赏者还必然对自然有足够的敬畏之心，是一个自觉的自然生态的保护者，所以面对美的景观必须杜绝一切缺少教养、破坏生

图3-2-25 （王成如 摄）

态的不文明行为，因自然生态美是大自然馈赠给我们的礼物，但它却是很脆弱的，一旦遭破坏了，即便被再恢复，原来的那种**原生态的美**也荡然无存了（2017年张某等三人因非法用打岩钉方法攀爬三清山巨蟒峰，造成自然遗产的自然性、原始性、完整性不可修复的严重损毁后被追究刑事责任就是典型反面例子）。

思考与练习

一、读一篇古人游记散文，再查一下网上关于旅游体会的文字，比较两者在文字运用与表达对景物的感触时有何区别？

二、除了自然风景，自然领域的美还体现在哪些方面？

第三节　艺术美的欣赏（上）

一、艺术的起源

艺术是人类智慧、精神、情感的结晶，它萌芽于人类的幼年时期，人类的社会实践活动孕育了它的成长。人们对艺术的起源问题的探讨有着久远的历史。一直以来许多学者在这一领域进行了不懈的探索，并从不同的角度提出了各种关于艺术起源的学说。

图3-3-1　[古埃及]彩陶塑女像

（一）模仿说

这是一种关于艺术起源问题的最古老的说法。古希腊的哲学家认为艺术**起源于人类对于自然或现实生活的模仿**。他们认为与人从燕子那儿学会了建筑，从鸟那儿学会了歌唱，从蜘蛛那儿学会了编织和缝补不同的是，"艺术模仿的对象是实实在在的现实世界，艺术不仅反映事物的外观形态，而且反映事物的内在规律和本质，艺术创作靠模仿能力，而模仿能力是人从孩提时就有的天性和本能"（**亚里士多德**）。继古希腊哲学家后，文艺复兴时期的达·芬奇、俄国作家**车尔尼雪夫斯基**等都不同程度地继承和发扬了这一学说。在古代中国也有尧"命质为乐，质乃效山林溪谷之音以歌"的记载。

从人类早期艺术遗存看，**模仿确实是一种主要的原始艺术创作方法**，现在见到的早期的洞穴壁画大多是动物形象，雕塑则多为女人塑像，对于这些作品的功用有不同的说法，但其创作是摹仿自然存在的生命物体却是没有疑问的。

（二）游戏说

该说法认为，艺术活动**起源于人类所具有的游戏本能**。游戏说由18世纪德国思想家**席勒**和19世纪英国哲学家**斯宾塞**提出，艺术史家曾把这种学说称之为"席勒—

图3-3-2 非洲原始部落舞蹈

斯宾塞理论"。席勒认为：艺术是一种以创造形式外观为目的的审美自由的游戏。"自由"是艺术活动的精髓，它不受任何功利目的的限制，人们只有在一种精神游戏中才能彻底摆脱实用和功利的束缚，从而获得真正的自由。游戏是过剩精力的发泄，它虽然没有什么直接的实用价值，却有助于游戏者的器官练习，因而它具有生物学意义，有益于个体和整个民族的生存。

游戏说强调了游戏冲动、审美自由与人性完善间的重要联系，对于我们理解艺术在审美方面的发生具有重要价值。它揭示了艺术发生的生物学和心理学方面的某些必要条件（剩余精力是艺术活动的重要条件，艺术的娱乐性和审美性等），揭示了精神上的自由是艺术创造的核心，对我们理解艺术的本质是富于启发的。但它把艺术看成是脱离社会实践的绝对自由的纯娱乐性活动，且偏重从生物学的意义上来看待艺术的起因，过分强调了艺术与功利的对立，存有绝对化和片面性的弊病。

（三）表现说

这种学说认为艺术起源于**人类表现和交流情感的需要**，情感表现是艺术最主要的功能，也是艺术发生的主要动因。这种说法可以追溯到上古。《毛诗序》中"情动于中而表于言，言之不足故嗟叹之，嗟叹之不足故咏歌之，咏歌之不足，不知手之舞之，足之蹈之也"与《荀子》中"夫乐者乐也，人情之所必不免也"的记载就是例子。之后意大利的**克罗齐**提出"知觉即表现"，他认为知觉是艺术的本质，其来源是人的内心情感，因为艺术是情感的表现。持这种看法的还有英国诗人雪莱、俄国文学家托尔斯泰、美国的苏珊·朗格，还有欧美的

图3-3-3 原始岩画

一些现当代美学家。如托尔斯泰认为："艺术起源于一个人为了要把自己体验过的感情传达给别人，于是在自己心里重新唤起这种感情，并用某种外在的标志表达出来。"

应该说表现情感的确是推动艺术发生和发展的重要心理动力。但是人类表达情感的方式是多样的，艺术也不仅仅是表达情感的工具，因此**表现说**并不能完全说明艺术起源的全部原因。

(四)巫术说

巫术说是西方关于艺术起源的理论中**最有影响、有势力**的一种观点。它最早是由英国著名的人类学家**爱德华·泰勒**提出来的,他在《原始文化》中提出了原始人思维的最大特点是**万物有灵**,他认为野蛮人的世界观就是给一切现象凭空加上人格化的神灵的人性作用。巫术活动所创造的艺术具有双重的意义,它能够增加巫术的气氛,最终又转化为审美愉快。**这种形象与情绪就是艺术**。爱德华·泰勒还用实用性来解释艺术的起源,并认为在原始人心目中,最初的艺术有着极大的实用功利价值。他们描绘的洞穴壁画中虽然有许多在我们今天看来是美丽的动物形象,但他们当时却是出于一种与审美无关的动机,即巫术的动机。它们显然不是为了给人欣赏而制作的,而是企图以巫术为

图3-3-4 西班牙洞穴壁画《受伤的野牛》

手段来保证涉猎的成功。壁画中这些身上有被刺中或击伤痕迹的动物形象,就是**艺术产生于巫术**学说的有力证据。

巫术说对于我们理解原始艺术,特别是原始美术发生的动力,以及这些艺术在当时条件下的非审美的性质具有**重大意义**。但巫术说把精神动机视为原始艺术发生的**唯一动机**,忽略了隐藏在精神动机后面的动因,即人类的物质生产活动,因而也不能完满地解释原始艺术的真正起源。

(五)劳动说

在我国文艺理论界占据主导地位的是认为艺术**起源于生产劳动**的理论。19世纪末以来,在欧洲许多民族学家与艺术史家中,就广为流传艺术起源于"劳动"的理

图3-3-5 古埃及壁画

论。**希尔恩**在《艺术的起源》中就曾经列出专章来论述艺术与劳动的关系;俄国**普列汉诺夫**在《没有地址的信艺术与社会生活》中,通过对原始音乐、原始歌舞、原始绘画的分析,以大量人种学、民族学、人类学和民俗学的文献为据,系统地论述了艺术的起源及其发展问题,并且得出了艺术发生于劳动中的结论。恩格斯也说过:"手不仅是劳动的器官,同时还是劳动的产物,而艺术作品的产生是以手工由劳动而达到的高度完善为前提的。"

以这些观点从不同角度对艺术起源的问题作了有益的探讨,都有合理的部分,但又不同程度地存在一些缺陷。事实上,在漫长的历史发展过程中,艺术**是从多种途径、多种目的基础上产生和发展起来的**,这其中有物质生产劳动的因素、有非生产性活动与游戏的因素、有模仿自然与现实生活的因素,当然也有心灵表现(包括巫术与梦境)与情感表现的因素。著名的芬兰艺术学家希尔恩就认为,艺术本身就是一种综合性现象,因此,研究艺术的起源必须用社会学、人类学、心理学等多学

科相结合的综合研究方法，才能真正揭示其奥秘。我国有的学者也认为：艺术的起源或艺术的发生，经历了一个由实用到以巫术为中介，以劳动为前提的漫长历史发展过程，其中也渗透着人类模仿的需要、表现的冲动和游戏的本能。艺术的发生虽然是多元决定的，但是<u>巫术说与劳动说更为重要</u>。从根本上讲，艺术的起源最终应归结<u>为人类的实践活动</u>。

事实告诉我们，在人类社会原始阶段艺术并不是独立存在的。随着人类在生产实践中精神世界的不断丰富和发展，当他们终于发现有些对现实的无奈可以通过一些精神活动或类似游戏的活动得到心灵抚慰、找到情感寄托、释放压抑的情绪时，艺术才从它原先的实用功利与人的生命本能行为中分离出来，成为人类文化的一个不可替代的组成部分。艺术的产生为人类开辟了一个宏大的新的精神家园，它陪伴着人类在自我成长的历史进程中，战胜黑夜的无奈与孤独，并不断认识了自己的内心，它激励着人类去征服各种艰难险阻，不断地创造出新的辉煌与文明。

二、艺术的分类

很早以前，人们就开始探讨艺术的分类问题，但至今尚无统一意见。这些都是因为艺术的形式、结构、内容手段丰富复杂而灵活多变，没有一定可分之规矩。历史上如亚里士多德依据他的"摹仿说"曾将艺术分为美术（用颜色来摹仿）、音乐（用声音来摹仿）和雕塑等几类。黑格尔依据他的"理念说"曾将艺术分为象征艺术（以建筑为代表）、古典艺术（以雕塑为代表）和浪漫艺术（以绘画、音乐和诗歌为代表）。而意大利美学家克罗齐则认为"一切艺术都是'直觉表现'，是心灵创造的同一事实，并没有审美上的界限……就各种艺术作美学的分类那一切企图都是荒谬的"，所以他不主张对艺术加以分类。而在近现代艺术理论中出现了多种分类的方法，其中最主要的有以下几种：

图3-3-6 [法]杜普荷画作

图3-3-7

图3-3-8 [法]雷诺阿画作

图3-3-9 纽约大都会博物馆所藏明代木雕罗汉

图3-3-10 （清）张熊画作

1. 以艺术作品的**存在方式为依据**，可以将艺术分为时间艺术（音乐、文学等）、空间艺术（绘画、雕塑等）和时空艺术（戏剧、影视等）。

2. 以对艺术作品的**感知方式为依据**，可以将艺术分为听觉艺术（音乐等）、视觉艺术（绘画、雕塑）和视听艺术（戏剧、影视等）。

3. 以艺术作品对客体世界的**反映方式为依据**，可以将艺术分为再现艺术（绘画、雕塑、文学等）、表现艺术（音乐、舞蹈、建筑等）和再现表现艺术（戏剧、影视等）。

4. 以艺术作品的**物化形式为依据**，可以将艺术分为动态艺术（音乐、舞蹈、戏剧、影视）等和静态艺术（绘画、雕塑、建筑、工艺等）。

5. 以艺术形态的**物质存在方式与审美意识物态化的内容特征为依据**，可以将艺术分为造型艺术、实用艺术、表情艺术、语言艺术（文学）和综合艺术。

6. 还有一种简易的按照艺术**存在的外部状态**来划分的方法，即把艺术分为时间艺术、空间艺术、语言艺术、视听艺术（又称综合艺术）四类。

艺术分类的意义在于通过揭示各门艺术的个性特征、发展规律，以及它们所采用的不同的物质媒介和表达方式，从而让我们能更加深入地去认识它、欣赏它，进而达到推动它的提高和发展的目的。

三、艺术的特征

现在我们常会接触到许多与"艺术"有关的名词，如"服装艺术""教育艺术""装潢艺术""管理艺术""语言艺术""食品艺术""交际艺术""艺术体操"等，似乎艺术已经被泛化了。但就如花卉名字中带"兰"字的（如鹤望兰、虎皮兰、君子兰、吊兰、米兰、蟹爪兰）并非都属兰科植物一样，有些所谓的艺术只是具有一定的审美属性或吸收了艺术的一些营养罢了，其与美学理论中讨论的"艺术"的实际含义是有较大区别的。能被称作"艺术"的东西有其区别于其他社会意识形态的**显著的特点**。平时我们评价一件作品是否达到艺术品的水准，标准也在此。

（一）可赏性

艺术是艺术家按照一定的审美理想创造出来的审美形态的作品，艺术家通过作品来达到反映社会生活、表达主观感情与看法。艺术也

图3-3-11 巴黎卢浮宫珍宝《胜利女神》（前190年）

图3-3-12 亚里昆·哈孜画作

是一种技能,但艺术家运用技能进行创造的目的并不是为了实用,而是为了供人欣赏。如,一书法家写了"此处不可小便"几个字贴出来告诫别人讲究公德、注意行为文明,其字尽管豪放洒脱,但因起到的客观作用不是让人欣赏,所以不能算是艺术品,只能算是墙上的文字;但当有人把它揭下来重新装裱成"此处不可小便",并把它挂在客厅里作长期欣赏时,这就使其成了具有审美属性的书法艺术品,原因是它已经完全脱离了实用的性质。徐悲鸿画的马和黄胄画的驴不能骑,齐白石画的虾不能吃,但因其形神兼备,具有很高的欣赏价值,所以毫无疑问属艺术精品。新闻报道与文学散文的区别也在前者是实用性的,后者是欣赏性的。相反有些所谓的"行为艺术",虽然行为人自我标榜为"艺术",但因他们不能引起人们的美感,缺少可欣赏性,所以只能算是怪诞的"行为",而不能入"艺术"之雅流。

(二)情感性

在艺术创造活动中,艺术家的审美情感贯穿于整个创作过程,艺术家的审美情感,构成了艺术作品的深层内涵。司马迁的《史记》虽是史书,但因他是在忍辱发愤的情况下撰写,且风格独特,所以成了"史家之绝唱,无韵之离骚"(鲁迅)。无论是"满纸荒唐言,一把心酸泪"的《红楼梦》,还是作为"孤愤之书"的《聊斋志异》,都是作者情感寄托和物态化的结果。在其他艺术门类的创作中这类例子也比比皆是,特别是音乐,作曲家写乐曲主要是为了抒发自己的感情。事实也证明,只有在创作中倾注了自己的全部情感,作品才有可能感动艺术家自身,只有感动艺术家自身的作品才有可能唤起其他审美主体的审美情感,只有唤起其他审美主体的审美情感的作品才具有艺术的品性。所以假如一个作品,它的内容或形式不具备感染人的特性,面对它人们觉得"没感觉",那么至少它在艺术上是有着很大缺陷的。

(三)形象性

艺术用形象说话,形象是艺术反映社会生活的特殊手段。感性形象是艺术的基本形态,艺术形象是生活材料与艺术家主观因素的审美融合，离开了形象，艺术作品失去了感性外观，它自身也就不存在了。正因为艺术具有形象性，它才具有具体可感性。绘画、建筑、摄影、雕塑、书法用凝固的形象说话，影视、舞蹈用动态的形象说话，音乐用诉之于我们听觉的抒情化的旋律和节奏说话，文学则以语言为媒介调动我们的表象让我们来感受其生动的形象和意境。不管是再现艺术还是表现艺术都必须具备形象性的特征，世界上既看不到又听不见的艺术是不存在的。

（四）独创性

艺术来源于生活，高于生活。但生活中的美是粗糙的、易于消失的；艺术的美则是精致的、永久的。艺术创作也不像一般的产品可以无限地复制。因为每个艺术家的知识、阅历、经验以及创作动机、心态、过程都是独特的，因而他创造的作品必然具有鲜明、独特的个

图3-3-13 （宋）赵佶独创的"瘦金体"书法

性。艺术创作中的独创性表现为内容、形式和手法（包括表现语言）的独创。艺术创新可以是"前无古人"般颠覆性的，艺术创作也是允许借鉴与继承的，但须推陈出新（就如"移花接木""老瓶装新酒"）。从大的方面

讲，艺术史上有影响的流派出现的过程就是一种独创性创作观念和手法出现的过程（如现代舞、印象派绘画、意识流小说等）。从小的方面看，用"桃花源"来描绘理想中的世界、用琵琶音乐来描写刘邦用十面埋伏之计击败项羽的激烈战斗场面、用舞蹈形式来表现《梁山

图3-3-14 ［美］史蒂夫·汉克斯画作

伯与祝英台》情节、用泼墨的手法来描绘山水、用坐姿的裸体人像雕塑来刻画一个"思想者"，这些都是艺术独创的表现。而随着现代科技的发展，电影中表现手法的独创更是令人目不暇接。一件艺术品如果不具备独特个性，就不可能是真正的创造，而雷同则是艺术创作之大忌。只会模仿别人的人永远成不了艺术家，最多只能算个"艺术匠"。目前许多艺术创作知识产权方面的争议，往往都是围绕着一个作品缺少独创性，与另一个作品的若干雷同处展开的。

思考与练习

一、为什么说艺术是从多种途径、多种目的基础上产生和发展起来的？艺术产生和前面提到的自然美有何关系？

二、查资料后说说心理学上的"皮格马利翁效应"在艺术创作上有何体现？

第四节　艺术美的欣赏（下）

一、音乐美的欣赏

（一）音乐的起源、发展与分类

音乐是以声音塑造形象，以旋律、节奏、和声、力度、音色等要素为表现手段，用组织起来的乐音（或有意义的噪音）来表达人们的思想感情，反映社会现实生活的一种艺术形式。

音乐起源于尚无语言的时代。最早的原始人群在劳动和生活中出于传递信息、表达情意的需要，他们用各种有变化的呼号并配合一定的肢体动作来进行交际联系。这种呼号以后逐渐发展成一种载歌载舞的原始音乐形式，并被广泛应用于巫术活动、欢庆和娱乐活动、婚丧仪式中。进入奴隶社会后，出现了宫廷音乐与宗教音乐，于是，音乐从混生性的文化现象中分化出来，发展成为一门独立的艺术。

音乐的分类比较复杂。一种简单的分法，就是以发出声音的主体为前提把它分为**声乐**与**器乐**两大类。

（二）音乐艺术的审美特征

"乐者，音之所由生也，其本在人心之感于物也。"这是我国古代《乐记》中对音乐的最早论述。音乐和其他艺术不同，它是以听觉为主的艺术，而其他视觉艺术展现在人们面前还需要借助一些声音音响（如：舞蹈、影视），像音乐这样独立在听觉领域内完成的艺术是绝无仅有的。音乐的特点主要有：

1. 时间的流动性。

19世纪的音乐理论家和作曲家姆尼兹·豪普德曼说过"音乐是流动着的建筑"。音乐是时间的艺术，它的音响、节奏和旋律等基本要素都存在于时间之中，并像建筑一样有着严整的形式结构，音乐家在乐谱中记录

图3-4-1　汉画像砖

图3-4-2　《调琴啜茗图》（唐）周昉

了这种存在，即以高低不同的旋律为纵轴，加上节奏和音色因素，组织成统一的**音乐进程**，以此塑造音乐形象，表达思想感情。音乐形象存在的唯

图3-4-3　（王成如　摄）

一方式是音乐进程。音乐进程就像流水，在一定的时间里以流动的形式出现在欣赏者面前，音乐形象诞生于音乐进程规定的时间中，并随着音乐进程的结束而结束。

2. 直接抒情性。

音乐不可能像绘画、雕塑、文学那样再现客观现实的形象。长于抒情却拙于叙事是音乐艺术的特色。虽然某些音乐也可以叙事，但由于音乐是诉之于听觉的，因此，它只能通过直接抒情来调动欣赏者的内心情感，作曲家的高明处就是善于把音乐主题的情感与精神因素通过乐曲抒发出来。音乐能同时表达情感的内容和情感的强度。这种情感表达的结果是使倾听它的人有时徘徊于悲怨，有时沉浸于欢乐，有时热血沸腾，有时温情荡漾。音乐抒发的感情能使人远离孤独，放飞思绪，并带给人以心灵的慰藉。人们听到熟悉的音乐会引起不同的情景联想和情绪反应，如经历过"文革"的人听到《红太阳》歌曲时的联想与现代青年是不一样的，失恋的人与热恋中的人听舒伯特的音乐《小夜曲》时也会有不同的感触。

3. 形象的模糊性。

音乐是表现的艺术，不是再现艺术，音乐的个别成分可能有摹仿现实声音的功能，但从总体看，音乐表现的形象却是模糊的，它只表达作曲家对主题的理解与情绪，却不能把这种情绪完全清晰地呈现在人们面前，所以音乐不可能被语言解释清楚。因此，《春江花月夜》可以用琵琶来独奏表演，也可以用民乐合奏来表演。苏格兰民歌《友谊地久天长》也可以叫《骊歌》和《一路平安》。无标题音乐就是作曲家利用音乐这一特性，为

图3-4-4 （王成如 摄）

达到抒发某种主观情绪，表现某种意境的目的所创立的一种音乐表现形式。有时是作曲家没用音乐来反映客观现实的意图，有时是作曲家有意不加标题，只希望欣赏者在这种模糊的表达中自己去心领神会其美的含义。由于音乐形象的模糊特性，不同的人听同一首乐曲或歌曲时的情感体验会有层次上的不同，但对整个音乐作品的情绪基调感觉却是大同小异的。例如：我们在欣赏二胡曲《江河水》时，产生的会是哀怨、凄楚、悲愤的情绪，决不会产生欢乐、轻松的情绪。而在欣赏《欢乐颂》时也不会产生哀伤、凄凉的情绪。

（三）音乐欣赏要点

一首乐曲的诞生是"一度创作"，音乐表演是"二度创作"，音乐欣赏活动其实是"三度创作"。音乐欣赏需要欣赏者用一种集中精力、全神贯注的主动方式去关注演奏（演唱）者对音乐内涵的诠释，并且把丰富的想象和情感投入到音乐当中，和音乐产生共鸣，这样，欣赏者才会感受到音乐的美。

图3-4-5 ［意］维托里奥画作

1. 感性为主。

音乐是声音的艺术，音乐欣赏就是一种听觉的审美活动，人们对任何一部音乐作品的把握都离不开听觉，没有**听觉体验**就没有音乐欣赏。在音乐欣赏的过程中，听觉占据绝对主导的地位。音乐欣赏的最终目的也是为了满足人们的听觉以及精神需求的。音乐是否悦耳动听都是通过听觉感受到的。因此，欣赏音乐时的感性体验高于理性认识。如果仅是以获得知识为目的，音乐艺术的价值就会被贬低。

图3-4-6　陈逸飞画作

2. 借助理性。

在音乐欣赏过程中，一般都会经历一个从感性到感性加理性的过程，即从最初听到音乐后，给欣赏者以情绪、情感的第一印象，到反复理解音乐内涵的深化认识过程。每一个人第一次聆听音乐都不可能做到真正的欣赏，都不能达到审美感受的最高层次，但如果借助于理性来欣赏音乐，就会更好地、更充分地把握、理解音乐的内涵。而对音乐作进一步理性把握就需要了解作曲家的思想观念、个人身世、经历及其所处的社会历史环境，探讨作曲家和作品之间的关系，带着这些具体的背景、内容融入音乐欣赏中就会取得很好的欣赏效果。这是一种积极、主动的欣赏方式，能使体验得到强化，拓展感受范围，并增加理解深度。在欣赏音乐时，我们要反复深入地理解和领会音乐作品的内涵，借助理性引导更好地去感受音乐，使音乐形象更加具体化。

图3-4-7　[俄] Evgeniy.Monahov画作

3. 调动想象。

"欣赏音乐不能阻碍人的意识，要给人以精神的自由。"音乐欣赏主要是从听觉入手，但还依赖于情感体验，在欣赏音乐的过程中，当从听觉上感到音乐已远远不能满足我们内心的感受时，就会希望通过听觉加视觉使音乐形象更加具体化。人们习惯于依赖视觉这一器官的原因是因为我们的视觉器官具有先天的优越性，优于其他感官。器乐作品会使欣赏者根据自己的理解在大脑中不自觉地产生视觉图画，给欣赏者以更具体的视觉形象，同时会产生视觉的想象（即"通感"）。如钟子期叹伯牙弹琴为"美哉、善哉、巍巍乎若高山……荡荡乎若流水"就是一种**视觉的想象**，欣赏优秀的MTV也能帮助我们取得这样的效果。当然如果我们在

图3-4-8

欣赏音乐时闭上眼睛，根据自己的经历和文化素养，自由地进入一个性化的出神入化的联想天地，那么也会达到一个较高的音乐审美境界。

（四）音乐欣赏能力的培养

1. 关键在于多听。

人的音乐能力中的一部分来自遗传，所以对于一首优美的乐曲，有的人听了深受感动，而有的人听了却无动于衷。但这种音乐的感觉需要一个循序渐进的过程，

图3-4-9 ［英］约瑟夫·摩尔画作

并能通过后天的培养来得到改善。培养音乐欣赏能力的关键在于多听。音乐对人的刺激越多、越长，给人的印象就越深刻，因此，接触音乐的机会多了，熟悉了，就会增强感性认识。同一首乐曲反复地听，能更好地理解音乐的内涵，能挖掘出乐曲的美。另外，在音乐欣赏中，虽然音乐中的音响已经消逝，但美妙的旋律却深深地刻在我们的记忆里，它又成为我们生活中的一股清泉，随时给我们带来性情上的愉悦。这也是多听音乐培养了我们欣赏能力的结果。

2. 重视融入音乐。

音乐欣赏能力的培养离不开注意力和想象力，只有注意力集中，才能进入音乐作品的深层，并把握音乐的内涵。同时只有展开丰富的想象，音乐欣赏才会有意义和有价值。只有在音乐欣赏的过程中，欣赏者把自己融入音乐中，让音乐与自己"同呼吸，共命运"，这样才能达到好的欣赏效果，才能不断提高自己的欣赏能力。

3. 提高个人素养。

个人综合的文化艺术素养是一个人知识的长期积累的结果，它在欣赏音乐时体现出一种良好的审美感受，这对音乐欣赏效果有着至关重要的影响。首先，音乐理论知识掌握越多，欣赏、认识音乐的可能性就越大。因此，音乐基本知识的学习对音乐欣赏很重要。其次，欣赏者本人能参与音乐的演奏、演唱，对深入理解音乐内涵，提高音乐欣赏能力的作用也是不言而喻的。除此之外，文化底蕴（如哲学、美学、艺术知识、个人阅历等）

图3-4-10 ［英］莱顿画作

图3-4-11 ［比利时］让·卡罗勒斯画作

的积累，对一个人的音乐欣赏能力也起着重要的作用。

音乐欣赏能力是一个人整体文化艺术素养的一个组成部分，因此想要成为一个高水平的音乐欣赏者，就必须理论联系实践，努力汲取各种人类文化成果来不断丰富自己，提高自己的思想水平和生活体验，这样才能使自己成为一个高素质的音乐欣赏者。

思考和练习

一、欣赏一首经典抒情性器乐曲（如《江河水》《天鹅之死》《梁祝》等），体会其节奏美和表达的情感基调（感受法）。

二、试向同学推荐一首你喜欢的歌曲，并谈谈推荐理由（运用鉴别法、诠释法）。

二、舞蹈美的欣赏

（一）舞蹈的起源、发展与分类

舞蹈是一门以人体为表现工具，以人体动作为表现手段的艺术形式。它有着悠久的历史和丰厚的文化积淀。从人类社会诞生之初直到今天，它一直伴随着人类的发展。因为生命即运动，这种运动产生有节奏的动静形态就是舞蹈的雏形，所以舞蹈可以称为人的生命之舞，它是用人体动作来反映生活，表达思想情感，体现人体美的造型艺术。

关于舞蹈的起源，说法不是很一致。有人说起始于游戏，有人说源出于巫术，有的称是为了"发泄过剩精力"，也有的则认为是为表达"情爱"。我们认为，舞蹈产生于人类的劳动生活实践：一是由于舞蹈的创造"主体"和被创造的"材料"都是人体，而人体是劳动实践逐渐进化的产物；二是由于产生手舞足蹈动态的强烈愿望更是人类从生存、发展的劳动实践中迸发出来的。舞蹈的诞生又是多途径的，但它最初都是出于人们的一种精神需要的目的，而且都属一种**集体性的活动**。

人们手舞足蹈的原始冲动和劳动生活实践密不可分。人们聚集生活、群体劳作，规范的动作、协调的节奏，可以将分散的个力汇成一种合力以发挥更大的效益。长期的这种实践，锻炼了人们动作的协调性和节奏感。同时人们相互间也总是会有些什么想法要表达，而在声音、语言不甚发达的阶段，手舞足蹈也成了某种传达经验、交流感情的语言。一段段或模拟劳动或抒发情感的原始舞蹈就这样产生了。

图3-4-12 舞蹈纹彩陶盆（新石器时代）

图3-4-13 舞蹈人（古埃及壁画）

最初的舞蹈是出于对生活的模仿（如表现劳动和渔猎、丰收的喜悦等），大多带有自娱性质。阶级社会产

图 3-4-14　东汉舞蹈陶俑

生后，由图腾崇拜产生的巫舞逐渐发展成为宫廷舞、交谊舞、民间舞等表演性舞蹈。随着人类文化的发展，舞蹈经历了由最初的简单摹仿到宗教仪式、节日庆典和舞台表演等阶段。舞蹈是人类文化生活中产生最早的艺术形式之一，是一切艺术的基础，舞蹈也是戏剧的祖先。至今它已成为五彩缤纷、令人赏心悦目的一种艺术。

根据社会功能和存在方式，舞蹈可以分为两大类，即生活舞蹈和艺术舞蹈。**生活舞蹈**一般指与人们日常各种生活有着直接联系的舞蹈，而且是人人都可以参加的，具有广泛的群众性。如苗族的芦笙节，蒙古族那达慕大会期间的群众集体参与的习俗舞蹈，人们进行社会交往、联络感情的国际标准交谊舞，舞厅舞等社交舞蹈，少数民族村寨中的某些民间舞，以强身健体为目的的体育舞蹈等都属此类。**艺术舞蹈**是指经过创作加工，用于舞台表演，并与音乐等多种舞台艺术因素融为一体的观赏性舞蹈。另外还可按表现形式把舞蹈分为情绪舞、情节舞；按风格特征把舞蹈分为古典舞、芭蕾舞、民间舞、现代舞、国标舞等；按表演规模把舞蹈分为独舞、双人舞、集体舞、舞蹈小品、大型舞剧等。

（二）舞蹈艺术的审美特征

1. 造型的运动性。

舞蹈是一种视觉艺术，我们必须观看才能感受到它的美。舞蹈语汇是从生活动作中提炼和美化的动作。它一般分为表现性动作和说明性动作两类。**表现性动作**是通过急速的跳跃、旋转等动作表现人物情绪与情感，**说明性动作**则是通过摹拟性、再现性的动作表现人物的行动目的和具体内容。表现性动作

图 3-4-15　（王成如　摄）

是舞蹈塑造艺术形象的主要手段。我们在一些情绪舞中看不到具体情节，但能通过舞蹈动作感受到人物的情绪和感情的流露，进入一种优美的意境。舞蹈是人体造型艺术，但它不像绘画与雕塑以静态来造型，它是随着不同流速的音乐在运动中造型，在造型中运动，因此常被称为"**活的流动雕塑**"。舞蹈造型包括人体动作造型和舞蹈队形造型。**人体动作造型**运用演员不同风格的肢体语言塑造不同艺术形象，表达各种情绪，给观众以美的享受。如以快速旋转表现男主人公的刚毅与坚定，以女演员柔软起伏的手臂动作来模仿"天鹅之死"等。**舞蹈队形造型**是种集体组合造型，它可以构成生动的舞蹈场面，给观众带来视觉上的愉悦感。如《千手观音》就是通过21位演员的队形造型，让我们看到了一个神态安详、风度翩翩的菩萨形象。现实中的菩萨塑像造型尽管神态也很生动，但它是种静态的美，用舞蹈来表现则非动不可，因舞蹈是种动态艺术，我们只有通过欣赏它连贯性的动作才能感觉到它的美的存在。

图3-4-16 《舞蹈》[法]马蒂斯

2. 表演的抒情性。

舞蹈，是综合性艺术。它综合了音乐、诗歌、戏剧、绘画、杂技等而逐渐成为一门独立的艺术。它以人的动作为介体，而动作则来源于人们高度激动的感情。舞蹈长于抒情而拙于叙事，它不用语言，而是通过不断运动的人体塑造出各种风格的动作和优美姿态来抒发人的内心情感，表现特定环境中的形象的精神气质。舞蹈动作是人内心情感的一种外化表现。《毛诗序》曰："言之不足，故嗟叹之；嗟叹之不足，故咏歌之；咏歌之不足，不知手之舞之，足之蹈之也。"这正说明舞蹈的抒情的直接性与纯粹性是其他艺术比不上的。如果《红楼梦》是一个话剧的话，那么剧中人物的内心活动就必须通过演员的台词来表现；而在舞剧中，演员一定是不说话的，他们只能通过优美的舞姿和说明性动作，把人物用语言所要表达的意思与情绪呈现出来。尽管它所表达的意思是模糊的，动作也是虚拟化的，但它的美也正是表现在"一切尽在不言中"。又如《荷花舞》通过月色皎洁的夏夜，一群少女妩媚动人的动态的舞蹈造型，营造出一种柔美的意境，用"缘物寄情"手法，以荷花"出淤泥而不染"的品质抒发了人们对高尚情操的追求和对和美自由生活的向往之情。舞蹈艺术的抒情性迫使我们调动自己的生活经验和审美想象，使我们能够进入比现实生活更高的审美境界，产生丰富的审美愉悦。

图3-4-18 [英]Darren.baber画作

图3-4-17

3. 对音乐的依赖性。

舞蹈总是与音乐共同生存着。舞蹈是视觉现象，但是如果没有音乐的配合，视觉形象与听觉形象就不能融为一体，难以取得动人的效果。因此就有着"音乐是舞蹈的灵魂，舞蹈是音乐的回声"的说法。苏联著名舞剧编导和舞蹈理论家扎哈诺夫也说过："音乐——这是舞蹈的灵魂。音乐包含了并决定着舞蹈的结构、特征和气质。"而事实也证明早期的舞蹈是"载歌载舞"性质的。

舞蹈对音乐的依赖性首先表现在**节奏**上，节奏是舞蹈动作的时间因素，这是两者结合的基础。舞蹈和音乐

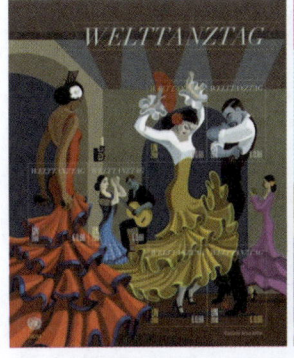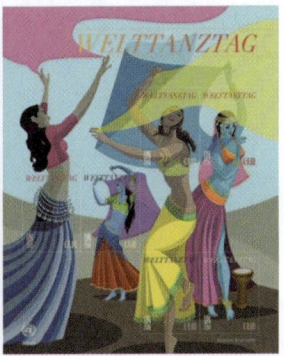

图3-4-19 联合国发行的"世界舞蹈日"邮票

都有节奏，舞蹈更需要音乐来强化节奏感。原始舞蹈之所以一开始就与音乐结合在一起，根本原因就在于节奏。舞蹈作为一种感情冲动下的自由的、有节奏的动作表现，自然更加需要有音乐的配合。舞蹈的不同节奏还能体现出舞蹈的不同风格，如交谊舞中的"快三"与"慢三"就是由两种节奏形成的风格不同的舞蹈。节奏在不同的舞蹈形式中有不同的侧重，一般自娱性舞蹈侧重于较强烈的单一节奏，舞台表演的舞蹈则侧重于起伏的动态的节奏。舞蹈还需要音乐**旋律**来激发与强化情感。离开音乐，舞蹈是难以充分表达感情的。旋律本来就有直接渗透人心的特点，在舞蹈表演过程中，欣赏者常常会把旋律中表现的感情当作自己内心的感情来体验。演员对于自己表演的作品的组成部分的音乐，当然更有深刻的感受和理解，这感受和理解进一步激发起的内心的感情也是通过外在的形体动作表现出来的。

音乐有强化舞蹈表现力的作用，可以加强舞蹈的感情色彩，可以帮助揭示舞蹈的内容，创造出舞蹈美的想象空间，使舞蹈显得更加生动而有魅力。音乐能够直接打动观众的感情，成为舞蹈与观众之间的感情纽带，使观众与舞蹈更加接近。

（三）舞蹈艺术的欣赏

1. 身形姿态美的欣赏。

身形美是指舞蹈演员的身体外部形态（包括身材、相貌与表情）的美，姿态美是指舞蹈演员的举手投足（不含语言）的美。舞蹈演员的身形姿态是最直观的人体的美，它们是自然美的最高表现形式，在舞蹈审美中起着很重要的作用。因此专业舞蹈团体对演员（尤其是对古典芭蕾演员）有很高的身体条件要求。如古典芭蕾选材有"三长一小一个高，八字要领最重要"（长胳膊、长腿儿、长脖子，小脑袋加高脚背儿，以及"开、绷、直、立"的肢体条件，"轻、高、快、稳"的动作要领）的这些苛刻的要求，这些都是由舞蹈的特殊审美形式决定的。舞蹈是直接用人体造型的一门艺术，舞蹈演员身形条件越好，观众给的"印象分"也越高。追求形体美也是人对自己的一种审美表达，平时人们形容搞舞蹈的人"胸脯挺挺的，走路撒撒的"就是对身形姿态美的肯定和赞美。

但是特定时代特定文化背景下人们对舞蹈的人体审美观是有差异的。"芭蕾舞跳条件，现代舞跳观念"就是这种观念变迁的例子。但尽管现代舞对演员的脸部长相和身材已没有芭蕾那么高，舞蹈欣赏对身形姿态美的要求还是放在重要的位置的。

2. 音乐律动美的欣赏。

所谓律动就是在音乐旋律和节拍中做具有"反复""逻辑组合"特点的舞蹈动作。它是一种具有一定的情感或倾向性的有规律的动作。律动是生命的原始躁动在舞蹈中的表现，是一种内动带外动的表现。它在舞蹈中依据音乐的编配而变化多端，不同风格的舞蹈折射出的情调和演员动人的气质是由各种律动来表现的。如

图 3-4-21

图 3-4-20

图 3-4-22

朝鲜族民间舞蹈每一个"鹤步柳手"的动作特征无不落在节奏之中，女性舞蹈的优雅深沉和男性舞蹈的潇洒幽默都是由各种律动展现出来的。又如芭蕾小品《天鹅之死》采用的是法国作曲家圣·桑的曲子《天鹅》，舞蹈者在缓慢的大提琴音乐中以波浪形摆动的手臂结合身体的动作，表现了天鹅生命终结前的"怨而不怒""哀而不伤"的情绪。我们通过这种缓慢的溪水般的律动能感受到天鹅对生命的留恋和对生活的热爱。不管是观赏古典芭蕾和现代舞，还是"体悟"迪斯科、伦巴，首先感动我们的往往就是那风格迥异的律动的美。

3. 虚拟形式美的欣赏。

舞蹈塑造的艺术形象是由舞蹈家通过对生活的观察、体验、分析、概括和想象后创作出来的。它要比生活更典型、更凝练，呈现的是一种"似与非似之间"的动人状态。舞蹈动作和情景具有明显的虚拟特点，这种特点能调动我们的生活经验和审美想象，激起我们的审美愉悦。如欣赏"弓舞""扇舞""长鼓舞""红绸舞"等器械舞与"孔雀舞""蛇舞""骏马奔腾""野斑马"等模拟动物的舞蹈，都可以使我们进入那种比现实生活更高的审美境界。又如藏族舞蹈里演员的沉肩、拖步的动作特征就是对生活在高原缺氧地区人们的步态与动

图3-4-23

作的虚拟，蒙古族舞蹈中硬腕、柔臂、靠肩、O形腿的动作特征就是对这个马背上的民族的人的特定动作的虚拟。虚拟动作构成了舞蹈的语汇和语法体系，具有表情达意的作用。虚拟动作加上舞蹈的技巧、风格、程式和舞台布景、灯光及演员的服装、道具等就是舞蹈的外形式与内形式的综合反映，它传达了一种极具视听冲击力的美的信息，能激起观赏者的审美联想。虚拟性动作还使人们在欣赏过程中与舞台形象保持适当的心理距离，排除那种纯为满足生理欲望和感官刺激而观看舞蹈和以纯逻辑的思维分析舞蹈的审美态度。

思考与练习

一、看一段舞蹈视频，体会舞蹈艺术体现的审美特征。

二、举例谈谈音乐在舞蹈中起着什么作用。

三、绘画美的欣赏

（一）绘画的产生、发展与分类

1. 绘画艺术的产生。

绘画与美术不是同一概念，它是通过线条、色彩和构图，在二维空间内以动人的造型来反映生活，表达画家审美感情和审美理想的静态艺术。

在人类最早的美术作品产生的时候，当时人们还处在没有文字的渔猎生活阶段，有关捕获动物的知识均靠图画来表达，所以原始时期的岩画都表现出怎样捕获动物及动物的特征，画面的主角多数也是野兽。如内蒙古阴山岩画中的《狩猎图》，母兽与幼兽在画面中占有显

图 3-4-24　1940 年发现的法国旧石器时期的岩画

要位置，并有人张弓射箭的形象，反映了当时人类的生活状态；又如西班牙阿尔塔米拉洞穴壁画和法国的拉斯科洞穴壁画，画面气势磅礴，绘画技法简练，并已使用多种颜色，画了多种形态生动的动物形象。而后随着宗教的产生，原始人在洞窟深处画上他们的狩猎对象，而这不是为了观赏，只是巫师施展巫术的需要。同时，随着原始人征服自然能力的不断提高，出于生活和劳动需要，于是出现了陶罐绘纹和岩石壁画。最具代表性的要算是画在彩陶上的各种图案。

图 3-4-25　内蒙古阴山岩画是我国最早岩画之一

2. 绘画艺术的发展。

（1）中国绘画艺术的发展。

中国的绘画发展到春秋战国时期已成为一种比较成熟的艺术形式。这一时期的绘画主要反映在青铜器上那些生动而富有变化的纹饰，同时也出现了规模不小的壁画。战国时期，大型建筑物也普遍采用壁画作为装饰，这些壁画随着建筑物的毁坏而不复存在。现在我们所能看到的仅仅是楚墓帛画（在丝织物上所作的画），尤以 1949 年在长沙陈家大山楚墓出土和 1972 年湖南长沙马王堆出土的帛画（图 3-4-27）最为著名。

图 3-4-26　约为 3200 年前的绘有人体图案的彩陶瓶

佛教传入我国后，宗教题材在绘画中渐渐占有重要位置，成为绘画创作的主要内容，出现了天水麦积山石窟等艺术宝库。隋唐时期是我国古代绘画发展史上繁荣昌盛的时期，唐朝的经济发展，给绘画艺术带来了空前的繁荣。当时绘画题材日趋丰富，人物画方面造型更有特点，尤其是描绘唐代妇女雍容华贵的神态具有一

图 3-4-27　（汉）马王堆帛画

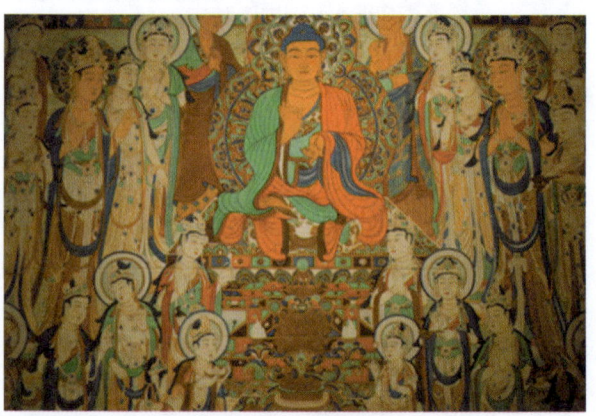

图 3-4-28　敦煌壁画

定的典型性（图3-4-29）；山水画开始繁荣，风格也

图3-4-29 （唐）张萱《虢国夫人游春图》（局部）（宋）赵佶临摹

多样化（图3-4-30）；佛教题材的绘画呈现出向世俗化发展的倾向。

图3-4-30 （明）文徵明画作

趋成熟，出现了风俗画、肖像画、历史画、花鸟画、山水画等绘画形式，同时，卷轴画逐渐成为当时绘画的主要形式。

元代绘画艺术发生了更大的变化，反映民俗生活的绘画日渐衰微，多数画家不与统治者合作，他们或隐居山林，或闭门简出，而借寓梅、兰、竹、菊"四君子"表达文人的审美情趣，追求笔墨情趣。画幅上题字作诗，使诗、书、画有机地结合，中国绘画的这一鲜明特点就是始于元代。元代最为突出的是山水画，宗教绘画的艺术水平也获得极大提高。

明清时期虽有画院成立，但由于统治者的专制，绘画艺术发展甚微，"文人画"继续盛行，并向写意、水墨方面发展。明中期有沈周、文徵明、唐寅、仇英"吴门四家"，而著名的人物画家则是仇英和陈洪绶。清代是民族矛盾和阶级斗争激化与深入的时代。绘画形式错综复杂，但总趋势是走向衰落。绘画秉承明代文人画脱

图3-4-31 （元）赵雍临李公麟《人马图卷》

离现实的临古之风不减，片面地追求笔墨技巧，而朱耷、石涛等明代皇室遗民，他们在艺术的表现上不受成法的束缚，标新立异，取得了很高的艺术成就。而"扬州八怪"的绘画艺术则表达了萌芽状态的人道主义。明、清代时期绘画同时吸收了西洋画法，清代更有外国画师进入宫廷画院，如郎世宁等，将中国绘画与西方绘画有机地结

宋代皇家在宫廷里设立了规模庞大的翰林图画院，尤其在宋徽宗时期得到更大发展；杰出的画家辈出，并在各种题材的创作与研究方面颇有建树；绘画分类也日

合起来，尤其肖像画成就最为突出。

中国绘画的发展历史悠久，产生了无数绝世佳作，创造了非凡的艺术作品。作品反映了社会时代的变迁与发展，画风不断变革，形成以壁画、卷轴画为主体，**人物**、**山水**、**花鸟**三类分科的格局，给我们留下了丰富的历史文化遗产。

（2）外国绘画艺术的发展。

除了前面介绍的洞穴壁画外，古埃及的墓室壁画和古希腊、古罗马的绘画也具有很高的艺术价值。埃及的陵墓绘画反映的是埃及人对生死轮回的观念，也表达出墓主人生前的生活状态（图3-4-32）。古希腊的陶器彩画不论其器形，还是上面的绘画，都具有很高的艺术性。

在西方绘画史上，文艺复兴时期是个重要的历史阶段。**14世纪意大利**文艺复兴三杰达·芬奇、米开朗琪罗和拉斐尔对世界美术的贡献巨大。**达·芬奇**是欧洲文艺复兴的代表人物，他以代表作《最后的晚餐》成为一代艺术大师。**米开朗琪罗**不但是一位画家，也是一位雕刻家、建筑师和工程师。他最著名的壁画是《创世纪》等。**拉斐尔**一生虽然短暂，但不影响他成为一代宗师，他的画风细腻、优雅、秀美，其代表作品有《西斯廷圣母》《雅典学院》等。

现在欧洲的荷兰、比利时、卢森堡及法国北部的一些地区在文艺复兴时期统称为尼德兰。当时的经济发展规模仅次于意大利，在文艺复兴时期也产生了具有自己民族特色的绘画作品。**德国**文艺复兴的代表人物为**丢勒**和**荷尔拜因**，他们均是欧洲文艺复兴时期最杰出的代表人物。17、18世纪资产阶级革命结束了欧洲封建社会，人类进入了一个崭新的阶段——资本主义社会，但资本主义发展不平衡。意大利因经济危机逐渐失去文艺复兴的光辉，尼德兰后来独立为荷兰共和国。该国的艺术发展成为这一时期最有特色和成就的绘画艺

图3-4-32　埃及古代壁画

术。而西班牙由于宫廷贵族粉饰太平,需要利用绘画艺术,所以西班牙绘画艺术出现了黄金时代。17世纪欧洲出现四位鼎立的大画家:意大利的**卡拉瓦乔**、佛兰德斯的**鲁本斯**、荷兰的**伦勃朗**和西班牙的**委拉斯开兹**。其中鲁本斯不仅是佛兰德斯最伟大的画家,而且可以代表17世纪的整个西欧绘画。**19世纪**的**法国**是世界美术的中心。艺术流派众多,出现了如新古典主义、浪漫主义、巴比仲画派、现实主义印象派及后印象派等,产生了像**安格尔、达维特、席里柯、杜米埃、莫奈、德加、马奈、雷诺阿、修拉、塞尚、梵高、高更**等许多世界级的大师(作品详见图3-4-33)。这里特别要关注的是印象派绘画。印象派来源于著名画家莫奈的《印象·日出》一画的标题。这一画派最基本的特点是吸取了当时一些自然科学对色彩研究的成果,通过自己的实践,发现了过去长期不被人注意的一些色彩现象,从而在绘画的色彩运用上引起了重大的革新。它所表现出来的一种前所未有的光色效果,对欧洲油画艺术的发展是一个重要的贡献,并对欧美等许多国家都产生了深远的影响。

(3)绘画艺术的分类。

绘画是美术中最主要的一种艺术形式。从种类和形

■《洗衣》[法]马奈

■《玩纸牌者》[法]塞尚

■《日出·印象》[法]莫奈

■《拿破仑一世加冕大典》［法］雅克·路易·大卫（1748—1825）

■《风景》［法］高更（1848—1903）

■《舞女》［法］德加（1834—1917）

图3-4-33

图3-4-34 《松石图》潘天寿

式上讲，它是整个艺术门类中最丰富多彩的艺术形式之一。从画种上分，它有中国画、油画、版画、水彩画、水粉画、壁画等。从绘画体裁上分，有招贴画、年画、漫画、连环画、插图等。从绘画表现的题材内容上分，有肖像画、风俗画、历史画、风景画、静物画等。

中国画：东方绘画体系的代表。主要用线条勾画形象，重视笔墨技法；采用散点透视的观察与表现方式，使画面构图有更大的自由度；主张"师法自然"，崇尚"以形写神"，追求"气韵生动"；诗、书、画、印有机结合是中国画特点之一。中国画根据表现手法特点不同来分，有工笔、写意和兼工带写。

油画：西方传统绘画的代表。因使用油质颜料而得名，色彩丰富，能体现色调层次、光线、质感和空间感，能真实生动地描绘一切有形事物，具有极高的表现力。

东西方绘画被称为世界上最重要的两大绘画体系，它们对人类文明和文化的发展作出了重要的贡献。

（二）绘画艺术的审美特征

绘画是依赖于视觉来创造、感受和欣赏的艺术，它除了具有静态造型艺术的"应物象形"的造型性和瞬间性、静止性、永固性的一般特征外，无论是东方绘画还是西方绘画，都有着共同的特点：

1. 以平面表现空间与结构。

绘画造型不像雕塑、建筑和一部分工艺品那样，占有三维空间，塑造立体的艺术形象，具有物质的实在性。绘画是在平面上描绘出具有一定形状、体积、质感和空间感的形象的二维空间艺术。其艺术形象是虚幻的，只能从正面去观赏。但绘画运用透视学原理、明暗向背关系、色彩的浓淡冷暖变化等，却可表现物体的远近层次，使平面的画幅呈现出具有深度和立体感的空间效果。绘画的造型并不是实体的再现，也不是单纯的外形摹仿，而是由线条、色彩、明暗、透视等给人造成的一种视觉错觉。因此，绘画较之雕塑等造型艺术的题材更为广泛，能够广阔、自由地再现人物及事件之间的关系和发展过程，能够细致地表现艺术形象活动的环境。

图3-4-35　后印象派画家修拉[法]的点彩风景油画

图3-4-36　《鹅闹图》徐悲鸿

2. 以瞬间凝聚过去至未来。

绘画艺术表现的是静态的视觉艺术形象，因此，表现人物和事件的发展过程，不像小说、诗歌、电影、戏剧等艺术形式那样自由舒展，往往受到画面的局限，只能选择最富于表现力的一瞬间来反映现实生活，表达人们的审美感受。因此，画家要善于选择和捕捉最有启发性的瞬间形象，予以概括、提炼和升华，创造出富有生命力和表现力，并富于联想的形象，将过去和未来凝聚在某一时刻的画面上，从而达到深广的艺术境界。绘画的再现是一种特殊的再现，它是包含了人的技巧、思想等因素的一种再现，表现了人对生活中的美的理解和创造。

图3-4-37 ［挪威］爱德华·蒙克画作

图3-4-38 （清）郑板桥画作

3. 以有限抒写内心无限。

绘画不是纯客观地描摹现实，它融注了画家的审美感受、审美情感和审美理想。即使是最写实的绘画，也不是画家单纯地摄取和反映，而是通过作者自身的意志和技巧加以主观的表现，是主观与客观的统一。画家在对客观世界的观察、感受、理解和评价中，势必融入个人的修养、气质、性格、情思、才能等主观因素，按照美的规律进行艺术再创造。即使是现代超现实主义和照相写实主义的绘画作品，仍具有绘画的素质，绝非照相术所能替代。绘画的题材可直接取材于生活现实中的一切可见之物，甚至连想象中的、幻想中的事物都可化作视觉形象后入画，尤其是西方现代派绘画以抒写人的内心世界的表现人的潜意识（包括下意识动作）、偶然灵感、心理变态、无目的的幻想和梦境为目的，形象给人以荒诞感，使艺术表现朝着比传统绘画更大的范围、更丰

图3-4-39 ［美］约翰·绍耶勒那画作

富的内容方向不断发展。清代郑板桥论画竹有段精彩的话，"江馆清秋，晨起看竹、烟光、日影、露气皆浮动于疏枝密叶之间。胸中勃勃，遂有画意。因而磨墨、展纸、落笔、倏然而作变相。其实胸中之竹并不是眼中之竹也。手中之竹又不是胸中之竹也。总之，**意在笔先**者定则也；**趣在法外**者，化机也。"这正好说明了绘画的形象带有浓厚的主观成分，它与生活的真实是有明显区别的。

（三）绘画艺术的欣赏

绘画的视觉空间特征决定了绘画欣赏的方式是"看"，因而提高绘画欣赏力的唯一方法也是观赏。绘画语言中的形、光、色、结构等要素都是具有审美感染力的表象符号，不同艺术家运用它们的方式不同，就产生出具有个性的艺术作品。因此，对于欣赏者而言，面对风格各异的作品，欲获得欣赏的愉悦，达到欣赏的层次，需要掌握一定的知识与方法。概括而言，有下列几个方面：

1. 从感觉形式入手。

绘画欣赏的实质是感觉画面的美。绘画是门很直观的艺术，欣赏时，作品的整体面貌在瞬间便直逼人的眼帘。作品的艺术特征触动、撩拨、撞击、刺激着人的感官神经，人的审美的心理活动由此而起。

线条是绘画诸要素中最生动的部分，是画家从自然真实中抽取出的一种有抽象意味的语言。**形体**在绘画中不仅指具体物象的形貌，还指这种形貌所暗示的情感倾向特征。**色彩**是绘画中最富情感性质的要素。

与色彩相关的是**色调**。特别在油画中，色调是构成主题思想与意境的重要因素。**动感**也是绘画中的重要因素，它既指通过构图和造型形成的某种感觉效果，又指涵盖其他因素形成的画面整体精神。此外，在绘画中起作用的还有**笔触**、**质感**、**触摸感**、**体量感**等因素。所有这些要素在一幅幅画中组成有机整体，有时艺术家也侧重地强调某种要素。因此，培养和提高欣赏力重要的方法是多看。

2. 从理解角度品评。

对绘画作品，无论哪种流派、风格，无论是你第一

图3-4-40 《华祝三多图》（清）任伯年

眼喜欢或不喜欢的，在欣赏时要确立自己的理解的态度，要设法了解作品产生的原因和背景，作者想要表达的情感内容，以及作品结构、形式的特征等。只有对这些真正理解了，和作者的作品在感情上交流了，欣赏者才可能作出比较实事求是的判断和批评。欣赏和批评切忌有先入为主的倾向。比如西方绘画经历了古代（古希腊和罗马），中世纪（公元5世纪到14世纪），文艺复兴时期（15、16世纪）、17、18世纪和近、现代等大的历史阶段。各个历史时期的艺术理想和艺术表现风格都不相同。我们一般把文艺复兴时期到19世纪初的西方绘画称为**古典绘画**，其造型基本上是**写实**的，作品很完整，其美学倾向是**典雅与和谐**。但在整个古典绘画中，又有风格的演变。了解了这些，我们再来看某一作品（尤其是**原作**），就能准确地把握住它的风格与时代特色了。

3. 从自我角度把握。

绘画欣赏是种"见仁见智"式的、无定法的创造性活动。由于欣赏主体的年龄、经历、修养与趣味各异，也是提高品画能力的一个很好的途径。但总体还是要靠欣赏者自己去品悟其中三味。如杜甫评曹霸画的马为"此皆骑战一敌万，缟素漠漠开风沙"是对马的"神韵"的赞美，这是种有心理距离的评价。而他评另一山水画《岷山沱江图》，则是"沱水流中座，岷山到北堂。白波吹粉壁，青嶂插雕梁"，显然是进入一种"以动写静""真幻相通"式的"移情"了。

图3-4-41 ［比利时］让·卡罗勒斯画作

图3-4-42 套色版画《初升的太阳》袁庆禄

同样看一幅画（尤其是接近**原作**），获得的感受结果自然也相异，这是正常的。欣赏绘画的动机，在于人们希冀通过艺术理解历史文化，也理解自身。当然在多人欣赏的场合也可通过"读画"进行理解上的一些交流，这

思考与练习

一、通过上网了解中国是不是最早发现并纪录岩画的国家。法国旧石器时期岩画是怎样被发现的？欧洲古典绘画与现代绘画有哪些主要区别？

二、做一个PPT，介绍本小节中所示出的某幅画的作者、创作背景及绘画特色（如达维特的《拿破仑一世加冕大典》、任伯年的《华祝三多图》等）。

四、书法美的欣赏

（一）书法的起源与发展

中国书法的形成与发展与中国文字的诞生与发展是联系在一起的。而中国文字书写成为一门艺术与中国文字的表形与表意特点也有必然联系。从传世的实物来看，中国文字相当成熟的阶段要数殷商时期的**甲骨文**。殷墟出土的，刻在龟甲兽骨等甲骨上作为殷人占卜求鬼神时用的甲骨文大多是用刀刻的，也有先用朱墨写而后刻的。甲骨文的线条中不仅有刀法，还包含了书法。其线条瘦

 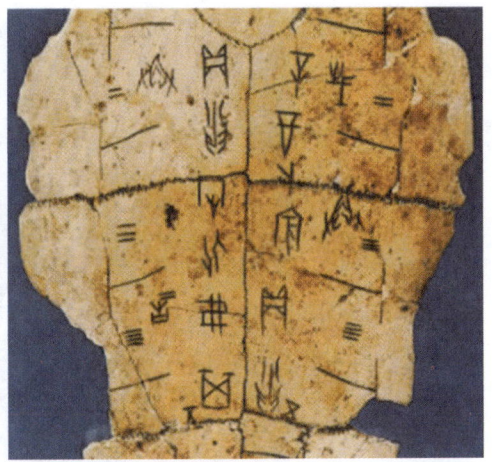

图3-4-43 甲骨文

劲犀利，有直有曲，有方有圆；其结构以横竖、斜角为主，附有曲线；排列成行，字行自右向左，也有自左向右；章法布置毫不做作，错落自然，浑然天成。

秦汉两朝是我国书法艺术发展的**重要时期**，是古代书法由不自觉向自觉发展的时期，具有划时代的意义。公元前221年，秦始皇统一中国，建立了中央集权的秦王朝，为了巩固统治，李斯随秦始皇巡视天下，在泰山、琅邪等处立石，今尚存的《泰山刻石》《琅邪台刻石》等都是流传千古的**篆书**佳作。

隶书是继篆书之后兴起的一种书体。源于战国，孕育于秦代，形成于西汉，盛行于东汉。隶书由篆书简化、

图3-4-45 古篆书拓片

图3-4-46 （北魏）张猛龙碑拓片

图3-4-5-44 （汉）曹全碑拓片

演变而成，风格多样，历史悠久，既具有极强的实用价值，又有很高的审美价值。两汉时期隶书逐步取代了篆书的正统地位，成为实用书体，并在此基础上衍生出**章草**和**今草**。书法艺术发展至**汉末**，基本上**各体兼备**，只是有些书体没有完全成熟。

魏晋南北朝是中国书法的**辉煌时期**，此时书法已经完全自觉发展，彻底完成了汉字书体的演变（篆、隶、楷、行、草五体皆备）。这一时期出现了影响中国书坛数千年的"书圣"王羲之。而且出现了无数的北碑书家，不同的书法风格，不同的创作手法，为中国书法的发展注入了新的活力。

唐宋两代是书法的**鼎盛时期**，出现了一大批青史留名的书法艺术大师，如我们所熟悉的**颜真卿**、**欧阳询**、**虞世南**、**褚遂良**、**柳公权**、**怀素**、**张旭**、**米芾**、**苏轼**、**黄庭坚**、**蔡襄**等。特别是颜真卿书法（图3-4-47）开一代新风，是汉唐雄风的典型体现，其楷书被称为"颜体"，传世作品很多，都是学习楷书的理想范本，并有被称为天下第二行书的《祭侄文稿》（见图3-1-7）流传至今。

元代书法以**鲜于枢**为代表，赵孟頫是诗、文、书、画样样皆精的大家，其书法个性突出，后世称为"赵体"，传世作品很多。

明清两代是帖学盛行的时代，书法名家辈出。突出代表有**祝允明**、**文徵明**、**董其昌**、**张瑞图**、**黄道周**、**王铎**、**傅山**、**朱耷**、**金农**、**邓石如**、**何绍基**、**吴昌硕**等。

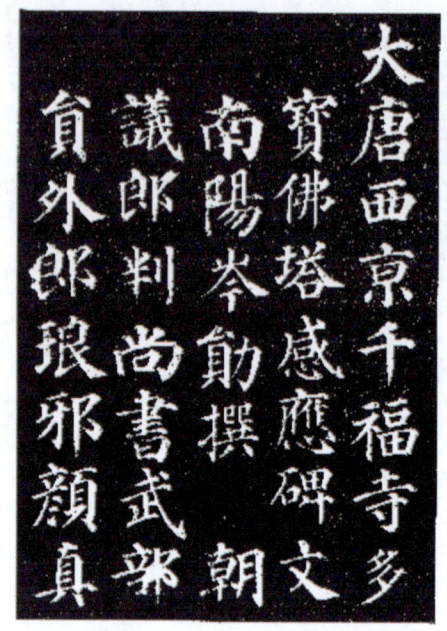

图3-4-47 （唐）颜真卿书法

近现代书法发展迅速，出现很多专业学术团体，加上一些院校开始专门设立书法专业，培养和发掘大批书法人才。印刷、出版业的发达，也使得大量优秀的书法经典得以广泛传播。涌现出一大批如**黄宾虹**、**于右任**、**沈尹默**、**林散之**等名家、大师。

（二）书法艺术的特点

中国书法是传统文化的代表，有着浓郁的东方特色，是中国人几千年来艺术修养与审美的体现。书法是线条的艺术，线条作为书法艺术的媒介能起到特殊作用。

1. 符号表情。

书法线条具有独立**表达情感**的功能。和绘画不一样，绘画中的线条是为了表现对象的轮廓、质感、空间，它处于从属地位；而书法中的线条表现的则是书法家的情绪，是造型的本体。高明的书法家可以利用不同质感的线条，表现出丰富的节奏，抒发不同的情感。我们的祖先利用线与线的组合形成汉字，而书

图3-4-48

法家则把线条作为表达自己情感的工具，使线条呈现**符号性**特点。

2. 时空结合。

书法家在利用线条进行创作时，线条随着**时间**在纸上流动，书法作品的二维**空间**纯粹是线条在时间内流动的结果。线条在纸面上分割成黑白关系，由于书写时笔顺的关系，使得空间只能一次性按时间先后形成。这种空间性和绘画不同，绘画的空间一般采取透视的方法，固定在一点观察对象；而书法作品不同，目光是在纸上游动的，线条在空间内按照顺序游走，目光在纸面上的视点也随着改变，加上由线构成的汉字本来存在着极强的粘连、开合、疏密关系，使得书法作品体现出空间性特征。

3. 静中见动。

书法是靠灵活多变的毛笔运动和丰富的水墨特性，在宣纸等平面上留下有意味的黑白构成，书法是种**动态的**线条结体艺术；书法所使用的毛笔由于具有"尖、齐、圆、健"的特性，可以写出千姿百态的笔画，使字表现出迥然不同的体态风貌。书写者丰富微妙的内心世界都会被毛笔凝固在作品里，人们透过静态的作品可以感受到书法家手中之笔的运动变化状态，了解作品中折射出的书法家的学识、修养、个性以及对生活的态度等。所以一直来有"字如其人""书为心画"的说法。

（三）书法艺术的欣赏

书法的欣赏主要在于"实"与"虚"两个方面。"实"的方面是有形的，它包括用笔、用墨、结构、章法等内容；"虚"的方面是无形的，包括神采、气韵、意境等内容。两个方面相得益彰，共同体现书法的审美价值。

"**实**"：用笔、用墨、结构、章法，都是可见的形体。从书写的角度看，用笔有轻重、快慢、起伏、曲直。笔法有中锋、侧锋两类。从书法线条外形来说，还有方笔、圆笔、尖笔等。用墨有浓、淡、干、湿、渴、焦、涨等。结构有正、侧、疏、密。章法有宾主、虚实、避就、气息连贯和行列形式等。这四个方面在作品中既相互区别又相互融合。另外书法作品的题款与落印也起着平衡重心与显示个性的作用。

"**虚**"：古人评论书法早有"神采为上，形质次之"的说法，同时又指出"规矩既失，神则无存"**神采**美只有通过形质美才能表现出来，**气韵**是书法艺术的生命，是形与神之间的桥梁，是表达情性的介质。书法家熟练

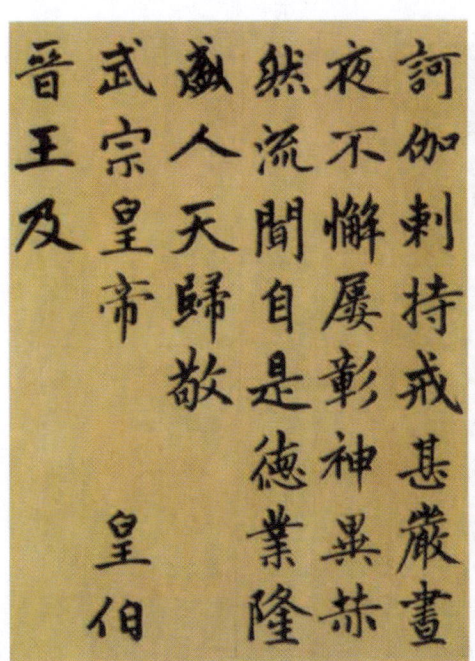

图3-4-49 （元）赵孟頫书法

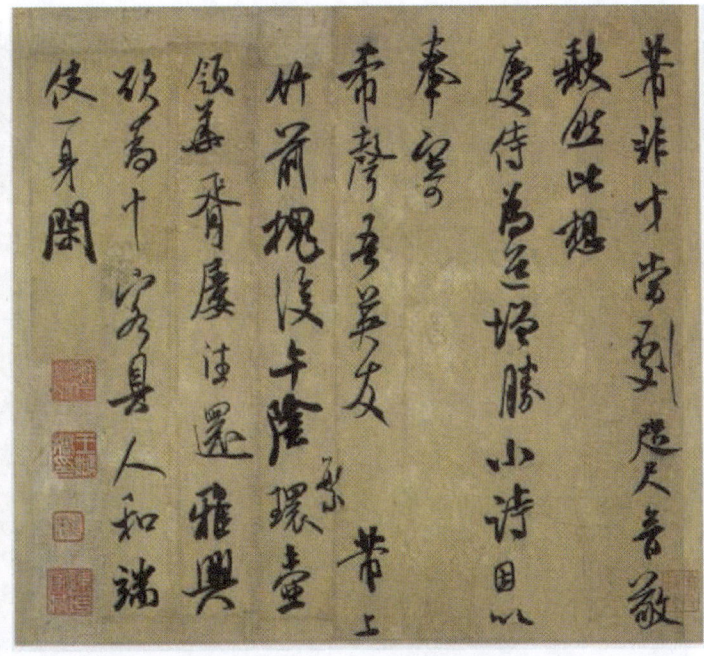

图3-4-50 （宋）米芾书法

的运笔技巧，以气行笔，点画之间气韵相通，气韵、神采才能表现出来。**意境**也是书法艺术的内在美，其是书法家借书法形象来表达对某种自然或其他事物的情感的一种情景交融的境界。它与神采、气韵相比更偏重作者主观精神的表现，是更高层次的书法审美内容。据传晋王羲之因"流觞赋诗"而作天下第一草书《兰亭序》，唐张旭因观公孙大娘剑器舞而书法大进，宋雷简夫因听

好的审美情感，其得来并非易事。书法作品因承载着传统文化的深厚内容，给我们以独特的美感，欣赏它除须有一定的书法理论修养外，还需要具备良好的艺术悟性。

（四）经典书法作品欣赏

王羲之《兰亭序》

王羲之于东晋永和九年（353）与友人在兰亭修禊事，流斛曲水，饮酒赋诗，王羲之为诗集所作序言，原作殉葬昭陵，今传唐代冯承素摹"神龙本"最佳，现藏于故宫博物院。

欣赏要点：

（1）笔法秀逸，此帖笔法使转进退"无不如意"，有灵秀遒逸之势。

（2）牵丝生动，此帖用笔中增加许多牵引的细微线条，这些牵引游丝使其点画更为婀娜多姿，体现出丰富的用笔技巧。

（3）字字不同，此帖结字妍美多姿，其中有二十多个"之"字，各不相同，反映王羲之在行书结字上创造性和形式感。

（4）章法自然，此帖原为草稿，并有涂改，共有324字，28行，通篇笔法一致，首尾贯气，行与行疏密有致，章法布局自然错落，逸趣横生。不愧为"天下第一行书"。

图3-4-51 （清）赵之谦书法

嘉陵江涛声而发写字灵感，元赵孟頫写"子"字时先习画鸟飞之形。可见书法作品的意境可以唤起我们某种美

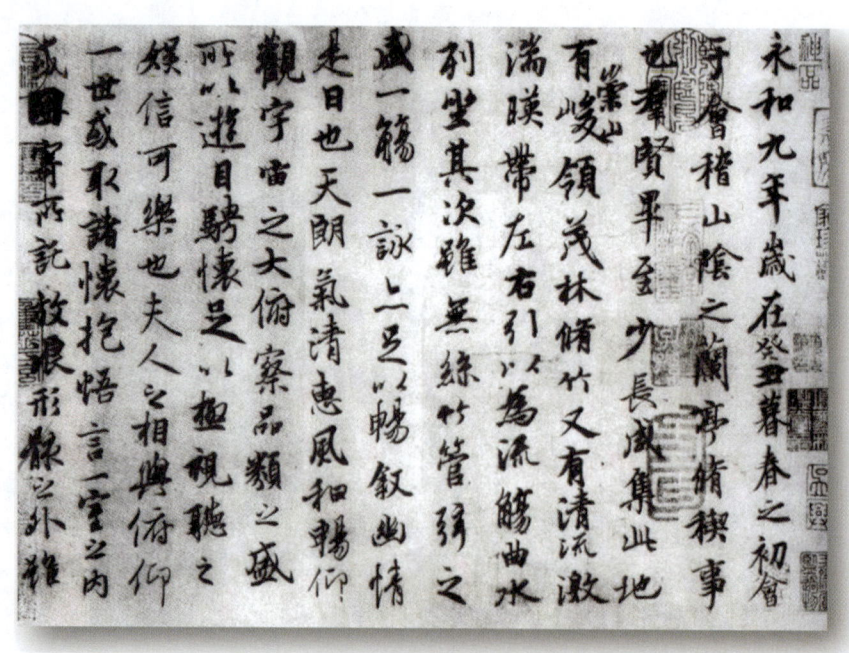

图3-4-52

思考与练习

一、甲骨文是不是中国最早的书法艺术？为什么？

二、谈谈对上面某一幅古代大书法家作品的欣赏感觉。

（明）董其昌书法扇面

五、雕塑美的欣赏

（一）雕塑的产生、发展与分类

雕塑是雕刻和塑造的总称，是以可塑的或可雕刻的材料制作出各种具有三度空间的实在体积的形象的造型艺术，亦名"空间艺术"或"触觉艺术"。最早的雕塑产生于原始社会。那时的人在学会用黏土和石头制作生活必需品的同时，还用黏土摹拟塑造狗、羊、兔、鸡、鱼等动物及自己的形象。在中国、欧洲以及埃及都出土过史前的雕塑作品，它们的形象直接取材于生活，物体的主要形态已很明显，完全具备了雕塑的特征。

图3-4-53 《法老和王妃》（约前2600年，现藏美国波士顿博物馆）

图3-4-54 1908年发现的旧石器时期的雕塑《威伦道夫的维纳斯》

西方雕塑艺术发端于古希腊古罗马，但两者却又曾受到古埃及雕塑的影响。人类雕塑史上的**第一个辉煌时期**是约4000年前的**古埃及时期**。古埃及雕塑造型准确，具有相当内在而神秘的风格。最有代表的是金字塔前的狮身人面像，整个作品用一整块巨大岩石雕成，高20米、长50多米，面孔高达5米，是同时代最庞大的雕塑艺术作品。而古代雕塑史上**最繁荣时期**是**古希腊古罗马时期**。古埃及雕塑的审美理想是追求永恒，而古希腊雕塑的审

图3-4-55 《掷铁饼者》

图3-4-56 《伏尔泰像》［法］乌东

美理想则是追求真实。古希腊雕塑家**米隆**（约前480—440年为主要活动期）等创造了形神优美的神、英雄、名人的雕塑形象。他们手下的《掷铁饼者》《米洛的维纳斯》等写实技艺已达到了无可挑剔的完美程度。公元146年，古希腊并入罗马帝国。现存古希腊雕塑多为罗马时期复制品。古罗马雕塑继承了希腊雕塑传统，并创造了许多优秀的肖像雕塑和建筑、广场、纪念柱等上面的装饰性雕塑。古希腊古罗马雕塑对以后欧洲艺术发展的各个时期都有着巨大影响。从15世纪后半叶到16世纪的文艺复兴时期，欧洲出现了伟大的雕刻家**米开朗琪罗**，他把当时的雕塑艺术发展到了最高峰。他采用写实的手法，用准确的人体解剖学来塑造人物，他的雕塑形象传神，且很有力度感，代表作有《大卫》等。继文艺复兴后，16世纪末出现了风格主义，此后罗马出现了巴洛克风格的艺术，1790年至1840年新古典主义雕刻开始盛行，其中**乌东**在肖像雕塑方面有很深的造诣，代表作为《伏尔泰像》等。

之后又出现了浪漫主义、写实主义和法国现实主义运动，其中以现实主义雕塑家**罗丹**的成就最高，代表作有《巴尔扎克像》《思想者》等。西方雕塑在进入20世纪后有了很大的变化，一方面是古希腊罗马的写实雕塑传统还在继续，另一方面，实验性艺术成为主流。立体主义、未来主义、抽象构成雕塑和活动雕塑走向了室外。形成了西方现代雕塑一片欣欣向荣的景象。

中国的雕塑艺术到了商代已发展到相当高水平，出现了以**青铜器**为代表的器皿雕塑，器皿装饰以生动的动物和变化无常的几何纹为主，风格庄严神秘，气势逼人。

图3-4-57　秦始皇陵陶兵马俑

它奠定了中国雕塑的装饰性风格基础。鼎是这一时期典型的雕塑作品。《四羊方鼎》就是此期间最著名的作品之一。

到了秦代，用于代替活人殉葬的**陶俑**的制作发展到了一个新阶段。以其个大、量多、形象表情丰富而著称于世。陶俑的制作到了唐代发展到了登峰造极境地。另一方面，始于战国的陵墓**石雕**到了汉代已达到较高水平，这个时期雕塑艺术成就，突出表现在大型纪念性石刻和园林的装饰性雕刻上，其中汉朝骠骑将军人兽造型威武雄壮，气势宏伟，是留存至今的一组非常具有代表性的大型石雕作品。魏晋南北朝统治者大建寺庙，凿窟造像，利用直观的造型艺术，宣传统治者思想和教义。代表性

图3-4-58　大足石刻（唐末、宋初）

图3-4-59　（唐）三彩釉陶骆驼载乐俑

图3-4-60 (明)山西平遥双林寺木雕

图3-4-61 高浮雕

的石窟为：敦煌石窟、云冈石窟、龙门石窟、麦积山石窟等，以后又有了宋代的大足石刻。辽宋时期是寺庙彩塑较为发达时期，此时的佛雕造像较唐代有了较大变化，无论内容还是风格都明显世俗化，菩萨则以观音居多。元明清时期随着手工业的兴起，宗教观念的淡化，出现了数量众多的小型装饰性、玩赏性的雕塑作品。创作上它们往往不受陈规限制，作品小巧玲珑，精雕细凿，面貌各异，但造型一般，少见大型和大气之作。

按不同的功能可把雕塑分为宗教雕塑、陵墓雕塑、纪念碑雕塑、装饰雕塑、园林雕塑、民间雕塑、架上雕塑等。还可按材料把雕塑分为石雕、金属雕、沙雕、雪雕、玉雕、木雕等。按形式一般把雕塑分为圆雕、浮雕和透雕三种。圆雕完全是立体的，占有独立的空间，是适于从各个角度欣赏的雕塑，一般没有背景。浮雕以平面为背景，通常以形体凹凸厚薄不同而分为高浮雕和浅浮雕两种。

（二）雕塑艺术的审美特征

1. 形象的体量感。

作为三维空间的雕塑，首先就是它具有体量感。一件雕塑作品的灵魂就在于它的形象的体积与质量带给人的稳重的视觉效果。优秀的雕塑不仅形体塑造要以解剖学和透视学为基础，做到比例和谐、结构严谨，同时制作的材料与造型更要展现出它的生命力，它要给人以稳实的感觉。雕塑作品不管是静态还是动态，它总有着稳定的重心，一般大型圆雕都有基座。雕塑的体积也直接影响着观赏效果与主题的表达。与绘画不同的是，雕塑可塑造硕大体积的形象，表现宏伟凝重的气势与神圣崇高的题材。如建于唐代的四川乐山的石雕大佛总高71米，头高14.7米，耳长7米，脚背宽8.5米，是世界上最大的古代石刻佛像。位于美国南达科他州拉皮德城郊区的"总统山"摩崖总统雕像，是由雕塑家们自1934年开始，历时14个春秋精心创作的现代大型石刻艺术，它们就是雕塑艺术体量超群的典型例子。而小巧的雕塑作品，也以制作材料具有较高比重，能在平面上

图3-4-62 四川乐山石雕大佛

平稳摆放，而现出它的秤砣般的体量感。制作的材料轻飘飘、软绵绵，整体重心不稳定的、写实风格的作品比例失当，这样的雕塑给人的感觉是不会美的。

2. 表现的概括性。

雕塑的表现不及绘画，它只能塑造具体的形象，并以具体的形象的内在精神面貌来感染人。雕塑也只能表

图3-4-63 《加莱义民》罗丹

现人物动作的一个瞬间，而不可能像舞蹈、文学那样自由、充分地交代动作的全过程，描绘人物的性格及其活动的五光十色的环境。雕塑的形象比绘画要单纯，作品以个体为多见。如是群雕和组雕，则人物组合及关系也

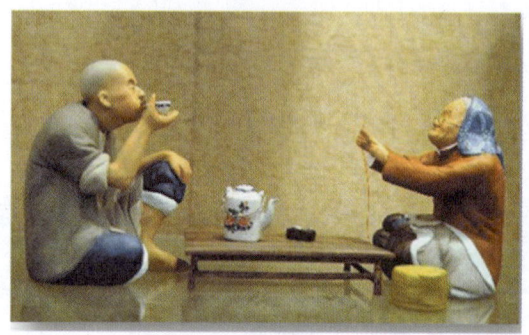

图3-4-64 "泥人张"作品

不会很复杂，所处的空间距离也不会很远。雕塑在表现运动物体时，极力用精练概括的形象、极少的道具来反映主题。作者在创作中会尽量舍弃与主题无关的细枝末节，着力选择最有典型性的形象，以凝固的手法来加以表现。我们见到的优秀人物雕塑，他们的神情往往抓取的是最能反映他们思想状态的时候，他们的动姿则是最

生动也是达到最高潮的一瞬间。雕塑的语言要求简练概括，起到"一叶知秋"的审美效果。雕塑家对生活应具有由表及里的透视力，要比一般人看得深、看得透、看得远，能抓住事物的本质和规律。一个雕塑家如果没有对生活的感受力和透视力，将不能称其为雕塑家。西方的雕塑往往借助于人体来表达作者的思想感情，中国则多用动物、人物来象征某种观念与精神。平庸的雕塑往往缺少对生活概括的力度与艺术个性，不能引起人们的审美联想与审美愉悦。

3. 与环境相协调。

雕塑是立体的、直观的、占有空间的、有质量的、能触摸得到的实体。人们能从各个角度看到它，优秀的雕塑在不同的光线下都会产生不同的审美效果。雕塑作

图3-4-65 美国"总统山"石雕群像

品多与建筑和环境发生联系。雕塑可分为室外雕塑和室内雕塑，室外雕塑因材料能长期保存，并能起到装饰和美化建筑等作用，给人以庄严、崇高的感觉，具有永久的纪念意义。许多雕塑作品是为某个特定的环境制作的，所以作品应与环境互相辉映，相得益彰。如放置于丹麦

图3-4-66 （洪维 摄）

哥本哈根海滨公园中的巨石上的《美人鱼》，就是依坐于水边的一座室外雕塑，姿态优雅的美人鱼与礁石、海水、天光、倒影形成和谐的立体画面，构成了雕塑作品的全部内涵。早在古希腊和古罗马时期，许多有名的雕塑作品本身就是建筑物的一个构成部分，埃及的狮身人面像也是金字塔的一个组成部分，中国的乐山大佛的材料就是山本身，它们与环境永久相处，并已成为景观的象征性标志。它们都折射着各民族的历史文化，如果互相置换一个空间环境，就会令人产生不协调感。

（三）中国城市雕塑评点

随着我国经济的快速发展，社会文明的不断进步，人们审美情趣的逐步提高，近20年间城市建筑与公共环境中的雕塑也逐渐多起来。在这过程中出现了一些高品位的作品（如青岛的《五月的风》（图3-4-67）、大连老虎滩《群虎》（图3-4-68）等），但同时也出现了许多问题。如目前许多专家和群众纷纷呼吁拆除一部分被认为是城市垃圾和视觉污染物的劣质城市雕塑等。由于这类雕塑长期矗立在城市显眼位置，对我们的视觉具有"强迫性"，不管你愿不愿意，都要经常面对它，所以也是一种最需要我们关心，并对它做出审美判断的公共艺术产品。为此下面就以我国**城市雕塑**为例，简单谈谈雕塑的欣赏。

"城市雕塑"这一概念是由我国著名雕塑家刘开渠先生在80年代初提出来的。它主要指城市公共环境中的雕塑作品。特别强调雕塑跟着城市走，题材与城市更贴近，并与城市各类建筑及绿化等因素相协调，起到装饰、美化城市的作用。它可分为纪念性、主题性、装饰性和娱乐性四类。

据专家分析，当下我国城雕存在的主要问题为：1. 许多作品与其存在的城市环境不相协调，它们的存在不能起到表达城市历史文化底蕴，美化环境的作用。2. 好多作品表现平庸，缺少创作个性，主题空洞，摹仿痕迹明显，甚至粗制滥造。3. 很多雕塑过于抽象，让人看不懂，市民不知道表达的是何意思，也不知道为什么要建在那里。导致"垃圾雕塑"出现的原因可归纳为：1. 中国的城市雕塑起步晚，并呈爆发式地发展，缺乏文化上的准备, 2. 是很多地方"一把手意志"和"甲方意志"在作祟。3."形象工程""献礼工程"太多, 为了赶进度，往往粗制滥造。此外，加工质量低下、专业人才数量有限使得一些非专业人员浑水摸鱼等因素，也是导致城雕作品出现质量问题的重要原因。因此加强立法，加强总体规划，雕塑家进一步提高业务素养，并加强职业道德，考虑大众的审美趣味是提高城市雕塑品位, 避免产生"垃圾雕塑"的重要条件。

作为一种凝固的艺术的雕塑，如果是室内作品，那么艺术家可以根据自己对现实与造型美的理解，进行无拘无束的艺术想象与创造，因为雕塑一般是不需要交代背景的，作为独立的作品它只要具有本身美的价值就够了。但要是作品是一个与环境相联系的城市雕塑，那么，它与环境的协调就显得尤为重要，好的城雕能给城市公共环境增添光彩，起到画龙点睛的作用，劣

图3-4-67 《五月的风》 黄震（洪维 摄）

图3-4-68 《群虎》 韩美林

质的作品就如城市里的垃圾，不放倒干净，放了反而污染视觉，破坏景观形象。至于我们经常可接触到的具体的城雕，哪个是精品，哪个是庸作，哪个属于垃圾级别的，那就要靠我们的审美眼光去把握了。而这种眼光是需要我们多欣赏大作与精品，多作理性分析比较来培养的。

图3-4-69

思考与练习

一、本节中所示的《掷铁饼者》《里亚切青铜武士像》雕塑都是原作吗？你还知道哪些古希腊时期的著名雕塑？

二、试对下面照片中的城市雕塑作评析，或用手机拍摄几张周边能见到的雕塑作品进行评析。

三星堆青铜雕塑

《心心相印》

《飞天》

《起舞》

六、建筑美的欣赏

（一）建筑艺术的产生、发展与分类

建筑和建筑艺术是两个不同的概念，是先有建筑，后才有建筑艺术。建筑艺术不是纯艺术，它是具有实用与欣赏双重价值的艺术。

原始社会中，人类用石块、树皮构筑巢穴，或在天然的洞穴里居住。随着火的使用及耕作的发展，人类有了半地穴建筑和地穴建筑，后来发展到地面建筑。为了保证建筑物的牢固和使用中的舒适方便，人们在建造时遵循了一定的形式结构，建筑出现了形式美的萌芽。到了奴隶社会、封建社会，随着生产力的发展，阶级的产生，出现了供统治者居住的大型建筑，如中国秦代的阿

图3-4-70

房宫（已毁）、明清时期的故宫，法国的凡尔赛宫等。此外民间则相继出现了作坊、店铺、驿站、私家花园、书院等建筑。宗教的产生也催生了许多神殿、庙宇、教堂等大型建筑。到了现代社会，科学技术得到了空前的发展，建筑与人们生活关系更加密切，也更朝着实用与审美方向发展。许多现代的别墅、机场、车站、大型商场、博物馆、体育馆、美术馆、

图3-4-72 威尼斯建筑群

园林建筑：如中国承德的避暑山庄、苏州的留园等；

宗教建筑：如佛教的庙宇、寺院，基督教的教堂和伊斯兰教的清真寺等；

公共建筑：如商厦、博物馆、音乐厅、体育馆、桥梁、车站、宾馆、学校等；

工业建筑：如厂房等；

民用建筑：城市民用建筑如四合院等，农村民用建筑如蒙古包等；

纪念性建筑：如中国的中山陵、法国的埃菲尔铁塔等。

（二）建筑艺术美的内容特征与欣赏要素

古罗马著名的建筑学家维特鲁威曾提出过建筑有三个要素：**适用、坚固、美观**。建筑是艺术与技术的有机结合、时代和民族的文明体现、物质和精神的高度统一。

图3-4-71 布达拉宫

大剧院既有很高的实用价值，同时又具有很高的审美价值。它们是人类创造的最大体积的艺术品，被誉为"抽象的雕塑""凝固的音乐"。

根据功能，可将建筑分成以下八种类型。

宫殿建筑：如中国西藏的布达拉宫、法国的凡尔赛宫等；

陵墓建筑：如埃及的金字塔、印度的泰姬陵、中国的明十三陵等；

图3-4-73 古罗马斗兽场遗址

建筑之所以成为艺术，是因为它是按照形式美的法则，运用空间、形体、比例、均衡、节奏、色彩、装饰等多种语言，并综合了绘画、雕塑等艺术形式，构成了自己特定的环境形象，具有审美价值与文化价值。我们在欣赏建筑艺术时，应从构成建筑艺术审美因素的三个方面入手。

1. 造型美。

建筑艺术造型包括建筑体型、立面、色彩、细部等，它是建筑内、外部空间的表现形式，是根据建筑的功

图3-4-74　悬空寺

能要求、物质技术等条件而设计的，绝不是随心所欲地自由创造，是技术和艺术的统一。同时，建筑的造型还要考虑到形式美的一些原则，如比例、尺度、均衡、韵律、对比等。这些都是判断建筑造型是否美观的重要标准。中国古代建筑匠师们充分运用木结构特点，创造出各种造型的屋顶艺术，变化非常丰富，它们曲线柔和优美，在屋顶的脊背、脊端都加上适当的雕饰，檐口的瓦也加以装饰性地处理，色彩的运用也十分大胆，这些都成为中国古代建筑重要的特征。如北京天坛是古代

帝王祭天的地方。整个建筑群由内外两层围墙环绕，呈方形，喻示"天圆地方"。而祈年殿则是天坛最重要的建筑之一。这是一座三重檐的圆形大殿，是我国传统木结构框架式的典型建筑，在体型和色彩运用上都具有很高的艺术水平。整个建筑无论是三重檐的圆形大殿，还是逐层收缩的三层台基，各部分之间的比例、线条十分优美。在色彩配置上，三重檐都铺以蓝色琉璃瓦，用以象征蓝天，顶上冠以巨大的鎏金宝顶，与下面的朱红色的木柱和门窗，以及白色的台基，形成鲜明的对比，整个建筑的造型与色彩显得分外灿烂夺目。再如俄罗斯莫斯科的瓦西里·柏拉仁诺教堂，其是既受拜占庭式建筑艺术影响，又有俄罗斯建筑风格的代表性特点。

它位于莫斯科克里姆林宫墙外，红场和莫斯科河之间，是为纪念1552年战胜外族侵略者而建。整座教堂造型独特、风格鲜明，中央主

图3-4-76　瓦西里·柏拉仁诺教堂

塔是俄岁斯建筑中特有的帐篷顶造型，四周围绕着8个形状、色彩不尽相同的洋葱头式穹窿，布局上错落有致，造型上既变化又协调，教堂的顶如一团团熊熊火

图3-4-75　天坛

图3-4-77　比萨斜塔

焰腾空而起，整座建筑色彩运用华丽，富有装饰性，充分表现出当时人们欢庆胜利的喜庆气氛。

2. 结构美。

建筑结构是建筑的骨架又是建筑物的轮廓。中国古典建筑中的斗拱、额枋、雀替等，从不同角度映衬出古典建筑的结构美。随着现代科学技术的进步，现代建筑结构的形式越来越丰富，如框架结构、薄壳结构、悬索结构等。建筑的结构与建筑的功能要求、建筑造型取得完全统一时，建筑结构也体现出一种独特的美。

两翼稍短，寓意为耶稣殉难的十字架。主室的屋顶是用楔形石块砌成的穹窿，它的墙很厚，柱子短粗，窗子也较小，在整体上给人以坚定、安静、沉重而朴实的感觉。

图3-4-79 科隆大教堂

图3-4-78 平遥古城（洪维 摄）

如**我国古代建筑**结构是以木构架为主的框架式结构，它以木梁构成房屋的框架，房屋的重量通过木梁传递到立柱上，墙只起到隔断作用。有古老谚语称"墙倒屋不塌"就是指这种结构的特点。它的优点是能灵活改变建筑内部的构造，门窗设置有极大的灵活性，而且有一种特殊的建筑构件"斗拱"，在屋檐下形成上大下小的托座，支撑着梁架的负荷，同时又有装饰美感。

再如，**古埃及**、**古希腊**的建筑，基本上是以墙或柱承重的石梁板结构，古埃及的阿蒙·拉神庙和古希腊的巴特农神庙等，都运用了这种结构。聪明的人们还创造了不同风格的立柱形象（多利克式、爱奥尼式和科林斯式），现存的神殿遗址中立柱成林，给人以神秘肃穆之感。在欧洲，罗马式建筑、哥特式建筑都是以大跨度结构为主，但又各具特点：**罗马式建筑**的平面形状为十字形，

最有代表性的建筑是意大利的比萨大教堂。而**哥特式建筑**是在"罗马式"基础上的更高发展。它把过去十字拱加以改进，产生了作为骨架的曲肋拱，并使其向上延伸，利用尖拱使跨度可以大小自由，整个建筑几乎没有墙面，骨架之间是一个个又高又大的窗子，这就使教堂的内部既高又宽、十分明亮。建筑内部很少装饰，骨架结构赤裸裸地袒露着，垂直的线条和一个个的矢状尖券以及内部高大的空间，再加上从窗子的彩绘玻璃上透过来富于变化的彩色光线，使人产生一种腾空

图3-4-81 巴黎圣母院（内景）

而起飞向天国的神秘的宗教感觉。代表性的建筑还有德国的科隆教堂（图3-4-79）、意大利的米兰教堂、法国的巴黎圣母院（图3-4-80）以及英国的夏特尔教堂等。

近代建筑因科技发展，新型建材的运用，更多地采用钢筋混凝土框架结构、铸铁结构，这些新型材料的运用，

图3-4-81 埃菲尔铁塔

使建筑结构更加灵活,外观造型更加自由多样,这预示着古典建筑形式的终结,我们将近代建筑分为:壳体结构、悬索结构、网架结构等,如斜拉索桥梁、钢索桥梁、法国的埃菲尔铁塔等,这些建筑结构不仅满足现代人们的需要,同时也以简洁、新颖、现代而为人们所喜爱。

3. 风格美。

建筑的风格是指建筑造型、功能布局和建筑装饰所具有的时代共性。建筑风格是一个**时代的象征**,它包含着政治文化及工艺技术等多方面因素,因此具有时代性和象征性(许多建筑已成为国家和城市的标志)。古今中外历史上已形成了许多建筑风格,不同风格的建筑体现出不同的美。

不同类型建筑由于其内部空间及功能的不同,外在表现出的性格也不同。**宗教建筑**中奇特的外形使人感到迷惘和神秘;**体育馆**由于比赛的空间需要,大多采用大跨度结构来构建,显得高大而宽敞。**江南的民居**,依水而建,具有水乡建筑温婉宁静的特点;**陕北的窑洞**依山而筑,充满了简洁豪放的气息;人民英雄纪念碑、法国的凯旋门等**纪念性建筑**造型简洁、稳定而明朗,体现了雄伟与严肃。

埃及的**金字塔**单纯的结构、高大而稳定的艺术形象很符合古埃及法老对死后希望灵魂不灭、相信来世而构建坚固陵墓的要求,金字塔是他们的"永恒之堡"。

北京**故宫**(图3-4-84)的总体布局,是以三大殿

图3-4-84

图3-4-82

图3-4-83

为中轴线呈左右对称,其层次分明,空间变化丰富,体量雄伟,外观壮丽,突出地体现了封建帝王的权力和森严的封建等级制度设计思想,显示出庄严肃穆,唯帝王独尊的宏大气势。

同属宗教建筑,风格也会迥然不同。佛教建筑有三种形式:萃堵坡、石窟和佛祖塔,这些建筑均以佛教本生故事为题材建造,构思原始,造型浑朴、单纯、完整统一。它具有明显的稳定感和重量感,加上四周又有玲珑纤巧的栏杆和门作衬托,使宗教建筑的庄严隆重显得更为突出,著名的有印度的桑奇一号萃堵坡、柬埔寨的吴哥窟等。

基督教建筑风格因历史、文化等的不同,在形制、结构和艺术风格上也不尽相同。**拜占庭建筑**发展了古罗马的穹顶结构,又吸收了两河流域及东方国家的文化艺

术成就，外观朴素但内部装饰极尽豪华，它把细碎的彩色大理石、珐琅和琉璃的镶嵌画发挥到了极高的程度，充分表现了线与色之光彩灿烂的形式美。最有代表性的建筑是君士坦丁堡的索菲亚大教堂（图3-4-92）。

图3-4-85 索菲亚大教堂

罗马式和哥特式建筑是基督教建筑中两种最重要的建筑风格。**罗马式**建筑继承了古罗马的券拱结构，坚固厚实，窗户很小，离地面较高，具有封建城堡的特征。其代表建筑是意大利比萨教堂建筑群。而**哥特式建筑**是罗马式建筑的发展，但它又有新的特点：一是结构上有创新，内部是近乎裸露的柜架式结构，无壁画、雕刻，而用大面积的窗户，窗户上的彩绘玻璃是以圣经故事为内容作的玻璃镶嵌画，阳光透过玻璃射进来有种虚幻的、迷离的、玄秘的感觉；二是在高度上有所突破，轻灵的垂直线条遍布整个建筑，顶上是锋利的、直刺苍穹的小尖顶，有一种向上的强劲动势，这种高、直、尖的、向上动式强劲的建筑造型和建筑风格，空灵轻巧，超凡脱俗，给人留下深刻印象。最著名的有意大利米兰大教堂（图3-4-86）等。

伊斯兰教建筑中的清真寺是宗教建筑中最晚产生的，尽管其建筑式样及细节处理上有一定的地方色彩，但总体上是统一的。其主要特征是有一个封闭的大院子，院中央有水池或喷泉供穆斯林沐浴净身，每个清真寺的四角建有"尖塔"，作为宣礼员登高召唤教徒做礼拜之用；清真寺的屋顶正中都有一个或几个洋葱头式的尖形顶；清真寺的立面一般比较简洁，门和廊多由各种形式的拱券组成，内部的墙面有丰富的装饰；清真寺的色彩比较浓烈，富于装饰，一般喜欢用大面积的蓝色，显得清秀明朗、庄重而华丽。最著名的有伊朗伊斯法罕皇家清真寺、我国新疆喀什的艾提尕尔清真寺等。伊斯兰陵墓建筑中以印度的泰姬陵（图3-4-87）最为著名。

图3-4-87 泰姬陵

4. 环境美。

建筑不是孤立存在的，它处于一定环境之中，建筑与环境之间的相互协调、相互融合，能构成新的环境，极大提高建筑作为艺术的感染力。建筑与环境的和谐之美，是人工美与自然美的和谐统一，这也是建筑艺术的审美要素之一。**中国古典园林建筑**中就十分强调、重视与周围环境融为一体。如**苏州园林**（图3-4-88）艺术，是我国古代建筑中最富有诗情画意的园林艺术，环境在园林中占有很重要的地位。最初它们是为满足封建统治阶级的享乐生活而建造的，它设计的主导思想就是将思

图3-4-86 米兰大教堂

图3-4-88 苏州园林

想、文化、意境融贯于园林的布局和造景之中，强调利用自然地形开池引水、堆山叠石，"自成天然之趣"，从而使建筑与自然环境等紧密地联系在一起，收到"虽有人作，宛如天开"的艺术效果。苏州的拙政园、留园以及北京的颐和园的"湖山真意"等都是建筑与环境有机组合的成功典范。

欧洲一些国家的宫殿建筑，如路易十四时期建造的凡尔赛宫（图3-4-89）被称为宫殿花园，它将宫殿

图3-4-89 凡尔赛宫

与花园进行一体设计，成为古典主义最集中的代表。

美国现代著名建筑师赖特曾提出"有机建筑"的理论，就是说，建筑应与大自然相和谐，就像是从大自然中生长出来似的。他的著名代表作"流水别墅"（图3-4-90）就生动地说明了这一点。这是一座位于美国匹兹堡市郊区的私人别墅，坐落在一个有山石、林木和溪流瀑布的优美环境之中。建筑的前部从浇铸在岩石上的钢筋混凝土支撑悬挑出来，上下两层宽大的阳台，一纵一横，好像从山洞中"长"出的两块巨石，后面高起的片石墙和前面挑出的部分取得平衡并形成水平与垂直的方向对比。这种自由灵活的组

图3-4-90 流水别墅

合，不仅与周围环境十分协调，而且可以使人们在不同的角度看到各种丰富多变的体形轮廓。

再如澳大利亚的悉尼歌剧院建造在伸向海湾的半岛上，它外观如洁白的蚌壳，又似伸向海面扬帆的航船，在浩瀚的大海与蓝天的映衬下鲜明耀眼，非常协调，构成具有艺术魅力的新景观，成为悉尼城市的标志（图3-4-91）。

由此可见，建筑艺术的美是通过完整统一的群体组合而来的，如果孤立地看一个建筑物，尽管其本身具有完美的艺术形象，但艺术的感染力会大打折扣。

图3-4-91 悉尼歌剧院

思考和练习

一、古代中国建筑艺术有哪些特点？宗教对建筑艺术有何影响？

二、举例说一说现代科技对建筑的结构、造型、风格有哪些影响？

七、文学美的欣赏

（一）文学的起源、发展和分类

文学艺术的直接源头是什么？关于这个问题，历来解释不一，其中影响较大的观点有"模仿说""游戏说""巫术说"和"劳动说"。我们认为，文学在人类以劳动为中心的多方面的社会生活中诞生，又随着社会生活的发展而发展。

首先，**从文学内容的发展上看**，不同的社会发展阶段，文学的内容都有不同的表现。例如，中国远古的《弹歌》，表现的是原始部族成员共同的狩猎生活，而以后

图3-4-92

的《诗经》中《硕鼠》等篇章则反映了不同阶级不同的生活状况。另外，同一社会形态的不同历史发展阶段，文学的性质和内容也会有所不同。例如同是封建时代的文学，唐代诗歌出现了大量反映民间疾苦，揭露统治者荒淫腐朽的内容，而在宋代，诗歌中则出现了爱国主义的思想内容。

其次，**从文学形式的发展上看**，它也会随社会生活的发展而出现不同的变化。如在各民族小说的发展史上，**神话都是其源头**。神话是远古时代的人们，解释自然，反映人类社会，反映人与自然关系的具有高度幻想性的口头故事。神话这种形式，产生于人们不能实际支配自然力的社会发展阶段，是人在不发达的生产力水平上的幻想形式。随着生产力的发展，许多自然被人类所征服，神话也就消失了。以后由神到人，从幻想到历史，再由正史到逸史，小说逐渐成为记叙故事的文学样式。由此可见小说这种**文学形式**，是随社会的不断发展，人们逐渐把握了历史与现实以后才从神话那里发展而来的。

世界各国文学的发展都受多方面因素的影响。政治、道德、哲学、宗教对文学有直接的影响，其中政治对文学的影响最直接也最深刻。文学的发展还与自身的历史继承性有关，但经济基础是文学发展的最终决定因素，它的发展变化决定着文学或慢或快的变革。文学的发展又具有相对独立性，它不随经济基础的变更而立即变革，它与物质生产之间存在着发展不平衡的现象。

（二）文学艺术的审美特征

我们知道，文学的发展源远流长，在**文字诞生以前文学就已经产生了**，但至今人们对文学还很难下一个统一的定义。有人认为"什么是文学"仅仅是一个历史性的问题，人们无法也没有必要为文学设计一个无懈可击的形而上学的定义。这话有一定的道理，对文学的发展有着预测作用。但作为语言艺术的文学，它存在着历史与现实的共性确实是毋庸置疑的。除了内容上通过塑造形象反映社会生活，表达作家思想情感与审美理想外，文学作为**语言艺术**又具有哪些形式特征呢？

1. 语言的具象性。

文学主要运用从日常生活语言中提炼出来的规范化、美化了的语言文字，来描绘生活场景、表现事物和人物间的矛盾冲突，反映文学家对生活的理解和审美感情。音乐、绘画等艺术多以直观的形象呈现自身，我们接受它们，是因它们塑造形象的材料都是直接诉之于我们的视听的。然而文学则不同，作家用语言文字描写的并不是可见可闻的物质实体，而是语言符号所代表的形象。文学借助语言塑造形象，欣赏者通过文学语言，凭借自己生活经验进行审美联想，在脑海中呈现出生动具体的形象，从而获得超乎语义之外的审美感知。语言是沟通作家与读者心灵的桥梁。当然，语言所能表达的内容大大低于现实世界的实际内容。现实世界是丰富的，表达它的语言符号却是有限的。因此有人称文学为"言不尽意"。但文学的"言不尽意"又可以理解为文学讲究含蓄、追求意在言外。正是由于文学语言的"言不尽意"，而使读者对文学的描写有了更大的想象天地，有了一千个读者心目中的"一千个哈姆雷特"，有了"意境"和"神韵"。

2. 表意的广博性。

文学是**语言的艺术**，具有其他艺术无法相比的表意广博的优势。如绘画可以刻画出人物的相貌与神态，但却不能画出人物的心理活动过程。文学却不仅可以描写出人物的外貌、表情、动作等，还可以表现人物的思想活动，描绘事物的发展过程，它还不受时间与空间的限制，可自由灵活地表现未来、现实与各种虚拟幻想的情景。如"问君能有几多愁，恰似一江春水向东流"的思绪是其他艺术很难表达清楚的。文学可以说是艺术门类中最富有表现力的一种艺术。文学反映生活的广博性还与其篇幅自由有关，文学作品可以长达数百万字，其容量是其他艺术所无法相比的。

图3-4-93

3. 形态的审美性。

文学以语言为载体，通过艺术化的语言来表现作家的审美情感与思想。但语言的基本功能却是为了人们的交际，人们日常用来交际的生活化的语言往往是粗糙的、杂乱的、一次性消费的，但文学语言使用却是为了塑造形象，而具有审美价值的塑造形象的文字是要被长期保存下来的。正因为这样，文学语言形态具有**形象性、情**

图3-4-94

意性、音乐性、丰富性、独创性等特征，这为一般交际语言所望尘莫及。如"我家门前有两棵树，一棵是枣树，另一棵也是枣树"（鲁迅）是个性化的文学描写，而"我家门前有两棵枣树"就是一般的叙述语言。文学语言不但能生动地勾勒出丰富的形象，而且还在语义之外传达给欣赏者以某种美妙的情趣与情感。如"空山新雨后，天气晚来秋。明月松间照，清泉石上流。竹喧归浣女，

图3-4-95 《阅读》[英]莱顿

莲动下渔舟。随意春芳歇，王孙自可留。"（唐·王维《山居秋暝》）不但用作者意识到的最恰当的语言，描绘了他感受到的纯朴安静的山村美景，而且字里行间还透露出作者对超脱凡尘生活的向往，这就是文学的描写胜人一筹的地方。而这一切都是与文学形态的审美特性分不开的。

（三）文学艺术的欣赏

根据形象塑造、语言运用、表现方式和结构体系等方面的特点，我们通常把文学分为诗歌、散文、小说、戏剧四大类。

1. 诗歌的美。

诗歌是一种**最古老的文学体裁**，它的特点为：

（1）饱含情感、想象丰富。

一切文学作品都不能没有情感，但诗歌中所洋溢的情感要比其他文学体裁更为强烈，没有情感就没有诗歌。诗歌用有限的语言来表现诗人的情感与意愿，是思想的直接现实，又具有极强的艺术概括力。从诗的构思看，诗人常常是在生活的激发下、在感情最激动的时候进行创作构思的。从诗反映生活的特点看，它既然要求以最凝炼的语言去集中地反映生活，就要较多地依靠作者的主观感情去感染读者，从而引起读者强烈的共鸣。诗歌饱含**情感**，必然具有丰富的**想象**。诗作者在感情激动的时候，为了使情感得到淋漓尽致的表达，使爱憎更强烈、更集中，往往要借助于想象。强烈的情感必然要鼓动想象的羽翼，而想象的飞腾又反过来强化和凝聚了诗的情感。诗歌中的情感是真挚而至性的，但表现往往又是含蓄而复杂的。诗歌中的想象是美丽的，是通过意象和意境来呈现的。例如"蛾是死在烛边的，烛是熄在风边的"（绿原《萤》），"我觉得，你看我时很远，你看云时很近。"（顾城《远和近》）

（2）注意节奏、韵律和谐。

诗歌的音乐美主要表现在节奏和韵律两个方面。诗歌的音乐美是在朗诵中得以实现的。**节奏**本是音乐中交

图3-4-96 [意]维托里奥画作

替出现的有规则的强弱、长短现象。诗人则通过构成词的字数和字的声调来安排节奏，使诗句出现有规则的高低、强弱、长短，造成抑扬顿挫、轻重缓急、悦耳动听的效果。**韵律**是诗歌中的押韵和古典诗词中的平仄格式。如："少年不识愁滋味，爱上高楼；爱上高楼，为赋新词强说愁。而今识尽愁滋味，欲说还休；欲说还休，却道

天凉好个秋。"（宋·辛弃疾《丑奴儿》）现代诗歌对音韵要求没有古诗那样严格，句式要求也较自由，但节奏与韵律的美还是存在的。如"你站在桥上看风景，看风景的人在楼上看你。明月装饰了你的窗，你装饰了别人的梦。"（卞之琳《断章》）

（3）语言凝练、结构跳跃。

诗的语言，就它的本质和要求来说，应该是既不能代替也不能再精练的语言，这是和诗要表现炽热的感情和集中概括地反映生活相一致的。诗歌的结构富于跳跃性是因为跌宕起伏的情感、**丰富大胆的想象与高度凝练的语言相结合，使得**其内容难以按照日常经验的逻辑按部就班地展开。在诗歌中，结构所遵循的是情感与想象的逻辑，常常省略了一些不必要的过程和细节，摒弃了诗句与诗句之间形式上的联系，甚至打破语法规则，以满足情感和想象飞跃变化的需要。而大幅度的跳跃变化在结构中留下了许多空白，这为读者的想象提供了广阔的空间。例如："枯藤老树昏鸦，小桥流水人家，古道西风瘦马，夕阳西下，断肠人在天涯。"（元·马致远《天净沙·秋思》）全诗没有主谓宾结构，仅以9个名词（意象）的并列，描绘了一幅游子归乡图，表达了诗人的特殊情感，这就是诗的结构与语言。

2. 散文的美。

散文这一概念，在不同的历史时期有不同的含义。这里的散文是指与诗歌、小说、戏剧文学体裁并列的一种文学样式。散文是**最灵活自由的文学体裁。**

（1）选材广泛多样。

散文的选材是不受时间和空间限制的，古今中外各种人物、事件、自然景色、风土人情，无不可以随意撷取；它既可以写具有广阔社会内容的重大事件，反映尖锐复杂的社会斗争，也可以就一个场面、一件事、一个生活片断来加以生发和开掘；可描宇宙之大，也可写芥子之微，无论新与旧的人、事、物、景，还是思想情感中的火花都可入散文之题材。散文的取材之自由程度列在文学之首。

（2）形式自由灵活。

散文的形式比较自由灵活，不受任何格式和框架的限制。它不像小说、戏剧那样有完整的结构和细致的人物刻画，也不必像诗歌那样需遵守格律与句式。它可以从不同侧面和角度来观察事物，可以时而叙事写人，时而抒情写景，时而又可生发议论；可以正面叙述描写，又可夹叙夹议。它只要有一条明显的线索将所写的各部分内容贯穿，就可自然成章。

（3）语言凝练优美。

散文不以情节冲突和人物刻画、音韵的美取胜，散文只表达作者对一定生活事件的感受，抒发作者一定的情感，这一点抒情散文表现得最突出。散文的艺术吸引力除内容多切近日常生活，注重文情并茂外，很大程度上是依靠语言的凝练优美、质朴清醒，或绚丽多彩、轻松幽默。即便是议论性的文字，在散文中也都讲究形象化，而不是拉长面孔说教。散文从小说中学习表意，却比小说语言更有色彩，向诗歌学习表情，却比诗歌语言更贴近生活。散文一般都短小精悍，除大型历史散文、传记文学、长篇报告文学等之外，多数散文的篇幅都比较短小。所以优秀的散文往往言简意赅、挥洒自如，给人以行云流水的感觉。

图3-4-97

3. 小说的美。

小说是**读者最多的文学体裁**，是一种以人物形象的塑造为中心，以情节发展变化为线索的叙事文学样式。

（1）形象性格丰满。

小说以刻画人物反映现实为主要手段。它要塑造栩栩如生的人物形象，但它允许作家在深入生活的基础上做合理的虚构、想象和夸张，而不必像新闻那样受真人真事的束缚。在人物描写方面，小说也不像戏剧那样受时间、空间的限制，它可以作概括描写，也可以作细节描写；可以通过人物的肖像、语言、行动来刻画人物的性格，也可以通过描写人物

图3-4-98　赵延年画作

内心活动来揭示人物性格（心理描写是小说的特长，第一人称的小说最善于刻画人物内心世界）；还可以运用烘托、对比等方法来表现人物。如《阿Q正传》中，作者写阿Q的头顶上有几处癞疮疤，当他和别人发生口角时，这些癞疮疤块块涨得通红起来——这是肖像描写；油煎大头鱼，未庄都加上半寸长的葱叶，而城里人不这样做，阿Q觉得城里人荒谬可笑——这是细节描写；在他和别人打嘴仗时，爱说"我们先前——比你阔得多啦！你算是什么东西！"——这是语言描写；他跟小D进行的那场"龙虎斗"——这是动作描写；他到土谷祠后对"革命"的一连串的遐想——这是心理描写……作品就是这样运用各种描写手法，多方面、细致地揭示了阿Q的性格和精神面貌。

（2）故事情节完整。

小说要多方面、细致地刻画人物，就离不开完整而生动的情节。小说中的情节越是完整复杂，人物的思想性格就越鲜明生动。一般来说，叙事诗也有情节，但由于它是通过叙事来抒情，用的是有韵律的带有强烈感情色彩的语言，因此它的情节比较集中和单纯。叙事散文也有情节，但它的情节往往是片断性的，不完整的。戏剧情节比较完整，但剧本是供舞台演出的脚本，受时间和空间的限制，矛盾冲突要求高度集中，不能像小说那样展开错综复杂的故事情节。例如，小说《红楼梦》的情节就复杂纷繁，矛盾纵横交错。而由小说改编的越剧，在情节上只保留了宝、黛爱情这根主线，其他情节几乎全部删去。部分现代小说有情节淡化和注重表现人物心态的倾向，但也不是没有情节。

（3）环境描写具体。

小说中的人物只有放到具体、典型的环境中，其性格的真实性才能得以确定。小说情节的可能性、合理性也完全依赖于典型化的环境而存在。因此小说中具体可感的环境描写是很重要的。环境描写包括社会环境和自然环境两方面。社会环境是环境描写的重点。社会环境描写特定的历史时代的背景、社会斗争的形势，以及反映社会、时代特征的建筑、场所、陈设等景物以及民俗民风等；自然环境的描写包括人物活动和故事发

图3-4-99　顾炳鑫画作

生的时间、地点、季节、气候、风景和场面的特色等。自然环境的描写为社会环境服务，是作品表达主题、塑造人物的有机组成部分。它起着**交代人物活动背景、烘托人物性格、渲染气氛、推动故事情节的发展、映衬人物的心情**等作用。小说中的自然环境描写，一般都带有作家的感情色彩，被当作是对社会环境的暗示，如"沉默、寂静。听得见寒风掠过雪地扬起的烟雾般的雪粒的沙沙声，听得见沟底下水在冰下流动的叮咚声，听得见不远

处狗子们为争吃死尸的咆哮声,也听得见四面村落里雄鸡报晓的喔喔声……"(峻青《党员登记表》)。又如鲁迅的《药》开头的"秋天的后半夜,月亮下去了,太阳还没有出,只剩下一片乌蓝的天;除了夜游的东西,什么都睡着"既渲染了夏喻就义时沉寂而肃杀的气氛,又暗示着现实社会的黑暗,带有作者主观的感情色彩。不同风格的小说对环境描写的方式不同,重视程度也不同。

4. 戏剧的美。

戏剧的文学部分是指**供舞台演出用的剧本**,它是戏剧艺术的一个重要组成部分,它也具有可读性。受戏剧舞台的演出限制,戏剧文学具有以下三个特点:

(1) 台词为主塑造形象。

由于受舞台演出的限制,受观众欣赏条件的影响,戏剧文学必须要求人物语言**个性化**、**口语化**、**动作化**。戏剧剧本中一般没有叙述人语言,除了对环境、动作等

图3-4-100 戏剧《钦差大臣》剧照

的少量提示文字外,主要是台词。台词包括对话、旁白、独白等。台词是推动情节发展、揭示人物性格、表达作者思想倾向和意图的主要手段。台词的动作化就是把人物的对话、独白与姿态、表情、动作结合起来,在行动中揭示人物的心理,展示人物的性格。欣赏戏剧与剧本主要也是以个性化、口语化、动作化的台词为主要对象的。

(2) 人事、时空高度集中。

由于戏剧演出受时间和舞台空间的限制,要在不长的时间和有限的场景中,表现一段完整的戏剧情节和一些人物的活动,作为提供舞台演出的戏剧文学,就必须使作品中的人物、事件、时间和场景等高度集中。戏剧作品篇幅不宜过长,人物不能太多,情节不可太复杂,场景也不能作过多的变换。如老舍先生的《茶馆》,时间跨度很大,从1898年的戊戌变法写到1948年,但全剧只有三幕一景,一个地点,演出时间只有两个半小时,做到了人物、事件、时间、场景的高度集中。

图3-4-101 戏剧《茶馆》剧照

(3) 重点表现矛盾冲突。

戏剧必须有戏剧性,所谓戏剧性就是指戏剧中的矛盾冲突。剧本表现的情节发展过程,也就是剧中人物与人物之间、人物与环境之间矛盾冲突的过程。戏剧要在一定的时空限度内高度集中地反映社会生活,就必须有强烈的戏剧冲突。所谓戏剧冲突,是指人物行为动机之间的尖锐矛盾纠葛或人物自身性格的内在矛盾冲突。由于受到舞台表演的限制,要求戏剧文学反映的矛盾冲突比其他叙事类文学要更集中、更完整、更强烈。戏剧不仅需要有完整的情节,而且要求情节生动而富于悬念。剧作家常常运用各种手法,将剧中的矛盾事件做出巧妙的结构安排,使情节一环扣一环地推进,使之波澜起伏,造成强烈的戏剧效果。如曹禺先生的《雷雨》,全剧交织着周朴园、鲁贵两家七个人物之间的紧张激烈、复杂深刻的矛盾冲突,由此构成的强烈的戏剧冲突推动了情节的发展,震撼人心的艺术效果也是在这基础上形成的。莎士比亚凄美的爱情悲剧《罗密欧与朱丽叶》是这样,与之同时代的汤显祖的《牡丹亭》等又何尝不是呢?

思考与练习

一、阅读《罗密欧与朱丽叶》或《牡丹亭》剧本某章节,体会戏剧的台词美。

二、阅读下文,谈谈这篇散文在取材与语言表达上有哪些特点?

我们的想象力哪里去了?

王瑞刚

一天,中央电视台少儿节目里播出鞠萍姐姐和几个小朋友唱的一首新儿歌,鞠萍姐姐唱道:"大雁为什么飞成一条线?"孩子们争先恐后地回答:"我知道!我知道!因为它们怕回家迷路!"

"小猫咪为什么总爱舔爪子?""我知道!我知道!因为它没有抓到老鼠害羞了!"

"气球为什么飞上天?""我知道!我知道!因为它要捉小鸟!"

"为什么吃饭的时候不能把书看?""我知道!我知道!因为会把书儿一起吃掉!"

我一面惊讶着孩子们奇特的想象力,一面感慨着鞠萍每次都用同样的话语否定着孩子们的回答:"回答得不好!回答得不妙!"

第二天,我又从同事那里听到这样一个故事:电视台的工作人员搞了一次别开生面的智力测验:用粉笔在黑板上画了一个圆圈儿,让被试者回答这是什么。问到机关干部,他们个个面面相觑,都用求救的眼光看着在场的上级。局长沉默良久,气呼呼地:"没经过研究,我怎么能随便解答你们的问题呢?"问到大学中文系的学生,他们哄堂大笑,拒绝回答这个只有傻瓜才回答的问题。问到初中学生,一个尖子生举手回答"是零",一个调皮的学生大喊"英文字母O!",却遭到班主任的白眼。最后问及小学一年级的孩子们,他们异常活跃地举起小手回答:"是月亮""是乒乓球""是烧饼""是李谷一唱歌时的嘴巴""是老师发脾气时的眼睛"……事后电视台的工作人员给这个节目起了个名字:"人的想象力是怎样丧失的"。

人的想象力到底是怎样丧失的?我们看到:随着人们年龄的增长,所受教育越多,人的想象力就越贫乏苍白,据说,西方国家的学校在教育孩子时,总是想方设法发掘他们的想象力和创造力。而我国的教育则更多地要求学生循规蹈矩,进行理性的冷静思考,以致学生常常在"正确答案"面前如履薄冰,举步维艰,生怕不小心便被老师斥为"回答得不好!回答得不妙!"学生们完全成了一台学习的机器,哪里还有半点想象力、创造力可言?

我不知道在场回答鞠萍姐姐问话的那几个孩子会有什么想法,会不会今后在回答大人问题时也学得乖了,再也不轻易回答:"我知道!我知道!"而是一脸严肃地想想"标准答案"以免说出"不好""不妙"的答案来,而误入大人们从容设下的"圈套"?反正当我抱着我那两岁的儿子哄他睡觉时,儿子用天真无邪的眼睛看着我问:"妈妈睡觉了?娃娃睡觉了?电视睡觉了?被子睡觉了?"我的心灵受到了震撼!谁知道以后上了幼儿园,上了学,儿子会不会也像其他孩子一样,被鞠萍们用一次次无情的教育将他内心的想象力扼杀了呢?(录自《读者文摘》)

八、影视美的欣赏

电影是一门集表演、视听艺术于一体的综合性艺术。电影摄像机把要拍摄的画面内容以每秒摄取若干格画幅的运转速度，将被摄体的运动过程拍摄在条状胶片

图3-4-103 皮影戏

图3-4-102

上，成为多格动作逐渐变化的画面，经过一定的工艺加工，便制成了可供放映的影片。当影片通过放映机以同样的运转速度被连续地投映于银幕时，由于人类具有"**视觉滞留印象**"的特性，观众便从银幕上看到**放大了的活动影像**（例如一块燃烧着的木炭在被挥动时人看到的则是一条火带）。这种视觉停留现象早被古时人们所发现，中国古代走马灯的制作就与此原理有关。而从**光与影的关系**看，中国流传很久的**皮影戏**可视为**电影的雏形**。

（一）影视艺术的起源与发展

电影的诞生与科技的发展是密不可分的，真正的电影诞生是在人类发明了电和摄像机以后。1888年，法国人雷诺试制了"光学影戏机"，用此机拍摄了世界上第一部动画片《一杯可口的啤酒》。1889年，美国发明大王爱迪生在发明了电影留影机后，又经过5年的实验后，发明了电影视镜。他将摄制的胶片影像在纽约公映，轰动了美国。**1895年12月28日**，在法国巴黎卡普辛路14号一家大咖啡馆的地下室里，法国人**路易·卢米埃尔兄弟**在白色幕布上放映了自己摄制的《**火车进站**》等影片，这标志着**电影的真正问世**，也宣布了默片时代的开始。但由于科技发展的缺口，录音设备无法满足要求，无声电影时代从1895年一直持续到1927年。

最早赋予电影以故事结构的是英国艺术家**史密士**，他尝试用全景和特写交替剪辑的手法来交代人物与场面的关系，电影由此创立了自己的**表现方法**。1896年起法国艺术家**梅里爱**首先将舞台艺术方法和场面调度应用到电影，创造了具有艺术性的"**电影戏剧**"，并发明了停机再拍、变格摄影等。1903年，美国电影导演**鲍特**发

图3-4-104 《火车进站》影视片断

明了分镜头和特写，他以此拍摄的《火车大劫案》标志着电影开始从戏剧**走向真正的电影**。被誉为世界上第一个名副其实的电影导演艺术家的是美国电影大师**格里菲斯**，他创造了电影句法，使电影有了自己的语言和叙述方式；他大胆运用特写镜头表现人物的内心活动，发明了平行动作镜头的交叉剪辑，从而找到了处理节奏、形式悬念的方法。从他开始，电影终于**摆脱了戏剧美学的束缚**，成为**独立的艺术门类**。他在20世纪初拍摄的《**党同伐异**》是电影史上第一部真正的艺术作品。

图3-4-106

有声电影诞生的标志是1927年美国摄制并公映的第一部有声影片《爵士歌王》。这部电影其实只是在无声片中加进四支歌、一些台词和音乐伴奏。从此电影由视觉艺术**变为视听综合艺术**。随着科学技术的日新月异，20世纪30年代，电影采用了光学录音，40年代末磁性录音启用，60年代以来，声音的清晰度和高保真度越来越好，从而达到了视听的完美结合。

电影艺术的**成熟**期是从1927年到1945年。最初电影都是黑白片，当观众要求电影能像生活一样五颜六色时，早期电影是用给黑白电影胶片**上色**来解决这个问题的。世界上第一部彩色电影是1935年使用彩色胶片拍摄的美国彩色影片《浮华世界》。1945年开始，彩色电影技术在全世界范围内普遍应用。20世纪90年代后电影进入电子计算机和数字技术时代。如《泰坦尼克号》用计算机合成再现了当年那场面浩大的人类劫难；而全景电影和立体电影则会把观众带入一个更精彩的世界，如放映过程中观众不但有立体逼真的视听效果，而且还能闻到气味，感触到脚下好像有东西在触摸，身上好像被雨淋湿，脸上好像被风吹到，甚至椅子都会摇动。而3D电影更是巧妙地利用了人眼"偏光"原理，以人眼观察景物的方法，利用两台并列安置的电影摄影机，分别代表人的左、右眼，同步拍摄出两条略带水平视差的电影画面。放映时，将两条电影影片分别装入左、右电影放映机。当画面投放于电影银幕前，就会形成左、右"细微"的双重影像。特制的偏光眼镜能将左、右"双影"叠合在视网膜上，由大脑神经产生三维立体的视觉效果，从而展现出一幅幅连贯的立体画面，让观众感受到景物扑面而来、"身临其境"的神奇幻觉。如今还出现了超大银幕电影、水幕电影、环幕电影等新电影放映模式，而这些发展都仰赖于现代科技的发展，现代科技已使电影朝着更宽的表现路子迈进。

"电视"一词来源于希腊文tele（从远处的、远的）和拉丁文visio（看），合起来就是"远距离传送画面"的意思。通常是以"TV"作为代号，由于电视可以传输活动图像，收视条件和方式十分灵活便利，特别适合家庭观看。电视艺术就是运用电视手段所创造出来的各种文艺样式，其中主要包括电视剧、电视综艺节目，以及音乐电视、电视艺术片、电视文艺谈话节目等。电视虽

图3-4-105

图3-4-107

图3-4-108

然出现比电影晚了半个世纪,但从它诞生起就受到了人们的欢迎。虽然它在拍摄、制作、表演、美工、摄影、音乐、化妆、道具、拟音等方面比电影显得单薄,但它却拥有庞大的观众队伍,且制作成本低,拍摄周期短。电视艺术已成为当今一门社会覆盖面最广、影响力最大的艺术。**电视剧**是电视艺术的主要类型,一部电视剧可以拥有上亿观众,并且延续相当长的时间。美国的一部日间肥皂剧《指路明灯》1952年以电视剧形式播出,连续播出了一万多集。

（二）影视艺术的特征

影视艺术是由演员扮演角色,在特定的情境中通过摄影机摄像而由银幕或屏幕显示出来的一种**多元素构成的综合艺术**。它有以下三个主要特征:

1. 画面语言的多样性。

影视艺术所展示的直观视像,几乎可以说是无所不包。从宏观到微观,从物质世界到精神活动,人们能见到的一切,以及人们难以或不可能见到的,都能用**画面**的形象来表现。例如,它能将内心活动具象化,可以通过外在物象的变化来反映（如天旋地转,可以用房屋、树木等的旋转来表现）,也可以通过人物动作和面部表情来表现（如《魂断蓝桥》中的经典性镜头——女主人公在火车站突遇男主人公时的长达几秒钟的面部大特写图3-4-108）。即使是潜意识,它也能用画面形象来表现,如梦境、幻觉等。影视艺术的这一特性,使它更易于被接受和理解,易于超越时间、国界、民族、文化,因而影视是一种世界性语言。

2. 镜头元素的丰富性。

影视的**镜头**可分为:远景、中景、近景、全景、特写等。**远景**是指远距离以外的被摄物所构成视野开阔的画面。远景一般用来介绍影视故事的大环境背景,渲染宏伟壮阔的场面。如《黄土地》中那一马平川的陕北大地象征着人民对自由的热望。**中景**是指被摄物的主要部

图3-4-109

分所构成的画面,被摄物是画面的中心,环境背景淡化。**近景**是指由被摄物的局部所构成的画面。环境弱化,突出表现被摄主体的局部。**全景**是指由处在某种特定环境中的被摄物的整体所构成的画面。表现被摄物和环境之间的关系。**特写**指被摄物的某个不完整局部所构成的画面,如人物的眼睛、手等。一般来说电影摄制中,为表现环境和被摄主体的关系,刻画剧情和人物性格,通常

会交错使用各种景别。有时，景别的变换也起到调节镜头节奏的作用。

摄影师在创作时为了更好地表现主题，使画面能更好为主题服务，使作品有更高的审美价值和视觉效果，力求使画面"动"起来而进行了一系列外部调动的工作，

图3-4-110

这些工作最主要的就是**调动镜头**（机位），也就是镜头运动。我们看到的运动镜头画面就是摄影师在不断调动机位和镜头运动所达到的艺术效果。镜头运动一般是指**推、拉、摇、移**的拍摄方法。**镜头角度**一般分为**平视镜头**，即镜头与被摄物保持相同水平的镜头；**俯视镜头**，即从上往下的拍摄镜头；**仰视镜头**，即从下往上的拍摄镜头。影片中胶片超过17米或延续时间超过30秒的单个镜头就是所谓的"**长镜头**"。作为一种艺术表现形态，长镜头最大的功能就在于逼真地记录现实（自然、生活和情绪）。所以，在影片中运用长镜头手法可以保持整体效果，保持剧情空间、时间的完整性和统一性；可以如实、完整地再现现实影像，增加影片的可信性、说服力和感染力；还可以渲染气氛，表现人物的心理活动。

3. 时空重组的变幻性。

在影视中，空间可以自由跨越，这分钟在北京，下一分钟就可以在巴黎。时间可以加速和放慢，几天才能完成的花朵开放，数秒即可，而几分之一秒的时间流程，却可以用较长的时间来显示，如子弹的射出。也可以将时间颠倒，如各种各样的"闪回"手法。甚至，可以让时间停止（定格），让时间消失（跨越）等。影视艺术在这方面有着其他艺术所无法比拟的自由度。摄影技术和剪辑技巧的发展，使得保持在胶片上的影像可以自由地分切和组合，实质上这就意味着可以用一种方法，从特定的艺术材料中抽取出时间和空间来重新构造，这就是所谓的"蒙太奇"技巧。

蒙太奇是法文montage的音译，原为建筑学术语，意为构成、装配。借用到影视创作中，是指以不同方法

图3-4-111

拍摄的镜头排列组合起来，而这种不同的镜头组接在一起时，往往又会产生"一加一大于二"的第三种含义。例如卓别林把工人群众进厂门的镜头，与被驱赶的羊群的镜头组接在一起，使人们对资本主义社会工人的命运

图3-4-112

进行思考。凭借蒙太奇的作用，影视可享有时空的极大自由，甚至可以构成与实际生活中的时空并不一致的影视时空。影视的基本元素是镜头，而连接镜头的主要方式、手段是蒙太奇。蒙太奇是影视艺术的独特的表现手段。一般认为蒙太奇可以分为两大类：叙事蒙太奇和表现蒙太奇。**叙事蒙太奇**，这是由美国电影大师格里菲斯等人首创，是影视片中最常用的一种叙事方法，它的特征是以交代情节、展示事件为主旨，按照情节发展的时间流程、因果关系来分切组合镜头、场面和段落，从而引导观众理解剧情。这种蒙太奇组接脉络清楚，逻辑连贯，明白易懂。**表现蒙太奇**是以镜头对列为基础，通过相连镜头在形式或内容上相互对照、冲击，从而产生单个镜头本身所不具有的丰富涵义，以表达某种情绪或思想。其目的在于激发观众的联想，启迪观众的思考。

（三）影视艺术的欣赏

影视艺术欣赏，是观众通过对活动着的**画面**和**音响**的感知获得一种审美联想和想象，由此产生愉悦的过程。这种欣赏过程是艺术的再创作。影视艺术是一种融美术、

图 3-4-113

音乐、文学、表演等多种艺术表现因素于一体的**综合性艺术**。对其欣赏应主要从**视听**两方面入手。

1. 镜头的欣赏。

影视中绝大多数内容表现都由**镜头**来完成，而**镜头**又传达了艺术家对生活的理解和情感。一部影视一般由600—5 000个镜头构成，每个镜头的出现都有合理的成分。此外作为单个镜头则必须有艺术性，这一点与摄影艺术的要求是一样的。所以影视中不管是尼罗河、爱琴海、黄山、阿尔卑斯山等迷人的风景名胜，还是战争、

图 3-4-114

灾难、太空、幻觉等惊心动魄的场面，不管是演员的造型与表演，还是人的特技表演与高科技特技的运用都与单个**镜头**相联系。影视的**镜头**追求逼真的效果与可观赏性，因为现实中的人们不可能站到一些特殊的视角去观察事物，所以影视满足了我们站到最佳位置去看没有看到过的景象的好奇心，它使人身临其境又不需冒风险。如从高空拍摄空战场面、以全景拍摄巨轮沉没、用特写来分析人物的心理变化、从门缝里去窥探别人的隐私，还有立体电影、全景电影、多银幕电影等都是基于这一原因。一部耗资几千万甚至几亿的大片最终也是为了达到那种逼真的视觉效果。

另外，在不断的艺术实践中导演意识到**色彩**在影视造型表意方面具有特殊意义。不少导演独具匠心地夸张和造假，强化某种色彩，从而使之起到一种总体象征和表意的作用。如《疯狂的贵族》中古典油画般的色调，《大红灯笼高高挂》中夸张的红与黑基调，《芙蓉镇》的水彩画般淡雅清丽的色调，《辛德勒的名单》中黑白与彩色的转换时空色调等，其目的都是为了烘托环境、表现主题、塑造人物形象并给观众以视觉的艺术享受和对人物命运的思考。

构图是影视导演结合被拍摄对象（动态和静态的）和摄影造型要素，按照时间顺序和空间位置有重点地分

图3-4-115

图3-4-116 ［日］宫崎骏动画片画面

布、组织在一系列活动的电影画面中，构成统一的镜头的一种艺术形式。在影视拍摄中，导演对**镜头**的近、中、远的物体都会有精心安排。所以影视主要就是将这些构图按照蒙太奇手法（如并行蒙太奇、交叉蒙太奇、对比蒙太奇、复现蒙太奇、声画蒙太奇等）和叙事结构组合在一个规定的时间内，它给我们的欣赏提供了丰富的信息。我们欣赏影视，主要就是欣赏这种**构图**、**镜头**以及**蒙太奇**所构成的影视**叙事语言**。一部影视中的构图、镜头好像是一个个词语，蒙太奇就是其语法结构。影视的美大部分来自这种特殊语言本身和它所讲述的故事。一般来说电视的拍摄成本要低于电影，所以电视在构图、镜头处理方面不如电影手笔大。但电视则充分利用了它普及面广、观赏方便的特点（当今大型液晶电视、等离子三D电视接收器、各种手机及高清晰信号的传送技术已成发展趋势），在题材的选择上、剧情的表现上、演员的表演上努力创立自己特色，同时在艺术手法的运用上不断向电影学习，其艺术地位也在不断提升中。

2. 声音的欣赏。

影视中的声音并不是机械地反映现实世界，而是创造银幕艺术世界的重要元素，它具有独特的造型价值，和影像相互作用，共同参与影视的艺术创造。影视的声音可以分为三种，即人声、音响和音乐。

人声是影视中最重要的声音，而其中"话语"则是演员表演的重要内容，也是我们了解作品人物思想与剧情的重要依据。话语的美包括了文学与表演两重因素。影视的画面离不开话语，影视的声画蒙太奇更是与演员的声音联系在一起的，故影视欣赏过程中必须注意话语的传情达意作用。看配字幕的外国原版片有时效果比译制片好，究其原因就是配音差强人意的译制片不能把原来的人声的效果很好地诠释给观众。"**环境音响**"是作为影片场面背景出现的各种声音效果。从声源来看，主要有

图3-4-117

两类。第一类是自然环境中的声音，大到风雨雷电、山呼海啸，小至虫鸣鸟语。第二类则是社会环境中的声音。和自然环境声音相比，它要更加复杂，除了诸如各种物品发出的声响外，还包括了作为背景音响出现的人声和音乐。这种音响有的是拍摄中的真实记录，有的则是后期的制作（模拟的、现实场景中录制的）。而**音乐**则是为配合视觉影像而进入影视作品的，是影视艺术中的元

素之一。它起到了揭示主题、补充剧情、渲染气氛、交代环境、刻画人物形象等作用。如《教父》的主题音乐具有西西里风格,迪斯尼动画片《阿拉丁》(图3-4-118)

图3-4-118

的背景音乐具有波斯风格,《平原游击队》(图3-4-119)中关于鬼子的主题音乐则是日本歌曲《樱花》的夸张处

图3-4-119

理,而《冰山上的来客》(图3-4-120)的插曲却有着新疆塔吉克族民歌的风格。它们在片中起到的作用往往不是单一的。当然有些影视作品音乐喧宾夺主、不伦不类、不合逻辑会令人生厌。

声音是影视作品的有机组成部分。它的艺术性表现在音响师可按剧情需要调整声音的强度和节奏,有时甚至用夸张变形手法使其达到艺术上的"逼真"效果。所以电影中的声音带有强迫性质,它对欣赏者有种导向作用,与主观镜头具有异曲同工之妙。如《秋菊打官司》(图3-4-120)中人来车往的车站的嘈杂声音和秋菊的说话声混在一起,表现了生活的真实性。又如《大红灯笼高高挂》中吹灭灯笼的声音显然是被夸张了,但给人的感觉却是真实的。在欣赏与评论中这些审美因素都是要加以注意的。影视作品的声音表现追求的也是"逼真"(不一定是清晰),立体声电影的出现更是为了加强这种听觉效果。而音乐的魅力在影视中得到了无与伦比的展示,许多影视主题歌与主题音乐家喻户晓的原因就在于影视做了音乐最好的传播媒介,音乐又为影视增添了鲜亮光彩。

欣赏影视作品除注意"好看"与"好听"外,最后还要在综合感性认识的基础上对作品的历史背景、思想内容、感情表现等方面有更深层次的认识,对作品所反映的社会内容和本质有具体认识,这样才能达到感性认识与理性认识的结合,而影视评论则是这种结合的结果。

图3-4-120

图3-4-121

思考和练习

一、说说影视艺术的主要表现手段有哪些？

二、结合自己看过的一部电影或电视剧，写一篇影视评论。

第五节　社会美的欣赏

社会美是指社会生活中的美。它是艺术创造的客观基础，也是自然美的最终根源。社会美表现为各种积极肯定的社会生活现象。社会美来源于人类的社会实践，直接体现了人的自由创造，是一种积极肯定的生活意识。与其他的美相比，它的产生时间最早。真、善、美三者中，美是社会美最终的归宿。通过了解社会美，能使我们积极地去认识挖掘人类社会中深层文化的美，摒弃社会生活中庸俗丑陋的习俗，提高我们对人性美的鉴赏力，从而达到完善自我的目的。**社会美**包括**社会主体**的美、**社会活动**的美和**社会劳动产品**的美等，但人是社会的主体，**人的美是社会美的核心**。

图3-5-1（洪维　摄）

一、社会美的特点和审美标准

（一）社会美的特点

1. 具有社会功利性。

人与动物的不同处在于人所进行的一切活动受着功利的直接或间接驱动，是为了满足自己的各种需要。美的社会功利主要体现在满足人的**社会性精神需要**方面，而不是满足人的**社会实用**方面。但美与社会实用又是不能完全脱离的，尤其是社会美，它与社会实用有着直接的联系，社会美具有明显的社会功利性。我们说劳动产品是美的，但这种美必须以满足人们的某种实用功能为前提（图3-5-2）。我们说运动员的动作是美的，但美的动作是为了提高运动效果，而不是为了玩花样。同样，人的言行也只有首先对社会有益、有用、有利才能显出它的美来。缺少公德意识的摆阔、不尊重别人感受的娱乐方式、在医院等公共场所抽烟等个人习惯，因为对社会起到的是负面作用，因而是不美的，甚至是丑陋的。

2. 显示了社会伦理性。

人在社会群体中生活，他的行为总是要受到一定社

图3-5-2

图3-5-3 《上海外滩》哈定

会的伦理价值观的影响。人的社会活动能不能得到社会的肯定，这都取决于在当时社会伦理道德角度看来，他的目的、方式、手段是否合乎社会价值取向，能否被社会所容纳。社会美的事物必然要受到社会伦理的检验。孔子主张以礼待人，18世纪西方资产阶级强调平等、博爱，这都是当时被一定群体、以后又被大多数人的伦理标准所接受的。随着社会的文明与进步，社会美所显示的社会伦理评价标准会变得多元而复杂起来。如目前人们对表面平静的没有爱情的婚姻的评价就要比以前理性得多，对人造美女参加选美比赛、同性恋者的真挚友谊，穿着打扮上的以"怪"为美、以"贵"为美等也表现出较大的宽容和理解，更不会像20世纪80年代那样对小学生舍身扑灭森林大火的"壮举"大加赞美了。

图3-5-4 唐三彩仕女俑

3. 存在社会差异性。

社会美存在于一定的社会条件下，具有明显的社会差异性。这种社会差异主要表现为**时代差异、民族差异、文化差异和角色差异**。如对人的形体，我国唐代以丰腴富态为美，宋代则以苗条瘦削为美，这是社会美的时代差异。世界上有的民族以胖为美，我国一些少数民族以黑为美，这是对社会美中人体美欣赏的民族差异。至于性别、年龄、身份、个人修养、阅历等因素不同，对社会美中各种现象的评价存在的差异就更大了。

（二）社会美的审美标准

所谓**审美标准**就是鉴别审美对象的美丑和衡量对象的审美价值高低的尺度和原则。个人在审美实践中形成的审美观点，被用来当作衡量新的审美对象的评价标准，这是**主观的审美标准**。但是，除了个人主观的审美标准外，还应该有得到社会

图3-5-5 《王蜀宫妓图》（局部）（明）唐寅

承认的审美标准，即**客观的科学的审美标准**。个人的主观审美标准，如果是符合客观的审美标准，就会得到社会的普遍赞同，否则，就会被看成审美偏见，也就不可能得到社会的公认。

社会美的审美标准可归纳为真、善、美三点。

1. 真。

社会事物只有具备真的属性才有可能是美的。社会美的对象首先必须是一种真实的存在，其次它的外在表现与内在的状态必须相吻合。任何假冒伪劣、虚情假意、矫揉造作的事物，尽管表面美丽，但因其侵害了人们的感情和理性，所以是不美的。但真实与真诚作为社会美的审美标准不是绝对的。例如假话，一般地说因其虚假

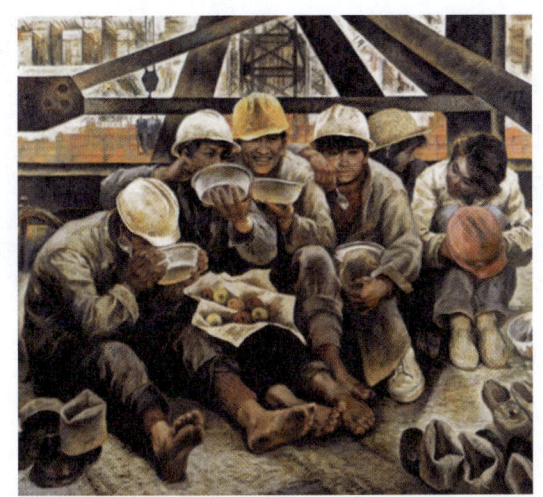

图3-5-6 《大坝的儿女》唐小禾、程犁

而不美,但有的假话,却被认为是美的,如对患绝症的人隐瞒病情,用假名资助贫困者因其动机和目的是崇高而真诚的,符合社会伦理道德准则,因而也是美的。

2. 善。

社会美必须强调善的标准。善,既指符合人类普遍的伦理道德规范和价值观念,也指符合人类社会特定条件下为多数社会成员所承认的伦理道德标准和价值标准。珍惜生命、尊老爱幼、同情弱者、帮困扶贫等就是符合人类普遍道德规范和价值观念的善良美好的行为,而践踏生命、坑蒙拐骗、欺小凌弱、乘人之危则是既丑陋又恶劣的行为。

图3-5-7 [法]雅克·路易·大卫画作

3. 美。

社会美的形式要能够给人带来审美愉悦。形式美的规律和法则也适用于社会美,如阅兵式上的方队要整齐统一,商店的橱窗

图3-5-8 女警察为遗弃孤儿喂奶

要布置得丰富多样,人的躯体要有匀称感和比例感,人际关系要和谐稳定,工作要有节奏,服装的造型应该对称,而其款式和配件则应体现变化等。

符合上述标准(内容是真的,性质是善的,形式是美的),这样的**积极肯定的社会生活现象**就能够给我们带来不同形态的审美感受。由于**社会活动的美**(如社会风尚和人情的美等)、**社会劳动产品的美**(包括环境美和科技美等)客观上都是由**社会主体**——人直接参与

图3-5-9 《祝福》蔡葵

的实践活动所引起的,另外人的家庭、邻里、社团等群体关系和谐的基础也是个体的人的美的德行,关于社会活动美、社会环境美、社会风尚美、社会劳动产品美等限于篇幅本书就不作展开了,但第四章的"社会领域活动中的美育"会出现相关的概念,这点需要我们在理解时加以注意。以下集中谈谈社会主体美的欣赏。

二、社会主体美的欣赏

人是万物之灵,**人不但是审美的主体,而且还是审美的客体**。通俗地说,就是人不但具有欣赏美的能力,而且人本身还具有欣赏价值,事实上**人是世界上最美的**

事物。社会美的核心就是人的美,人的美包括**人体美**(即人的外形美)与**人格美**(即人的内在美)两个方面。人体形式美又可以分为两部分:一部分是指人的身材、相貌、五官、体态的美;另一部分是指人通过打扮、言谈、举止所表现出来的一种精神风貌和内在气质的美。

(一)人的外在美

人的外在美首先表现为**人体美**。人体形式美是**自然美的最高表现形式**,而自然因素则是人体美的基础。芸芸众生,人的肤色、容貌、姿态、形体各异,但他们都是自然赋予的,是遗传的结果。各人种的人体特征是人为了适应自然环境世代相传而形成的。

图3-5-10 [保]玛丽亚·伊利耶娃画作

一般来说各民族、各种族的人都以本族人的身体各部分比例的平均值加上理想值为美的标准。如果这些特点在一个人身上表现突出、鲜明,那么这个人就会被该族人认为是最美的。美的人体是历代艺术家表现最多的题材之一,因为"**在任何民族中,没有比人体美更能激起富有感官的柔情的美了**"(罗丹)。作为自然对象它比较集中地体现着比例、均衡、对称、和谐等形式美的规律。古希腊艺术家早就对人体美进行过专门的研究,大家熟知的《维纳斯》《掷铁饼者》《拉奥孔》等雕像都是那一时期的杰作。到了文艺复兴时期,在人文主义的旗帜下,艺术家们又总结和发扬了古希腊人体艺术的光辉传统,把对人体的研究推到了一个新的高峰。当时著名的"文艺复兴三杰"——拉斐尔、米开朗琪罗和达·芬奇在人体艺术上各有建树,他们的艺术成就对后来产生了深远的影响。当今世界,人们对人体美讴歌的方式丰富多样,风靡世界的健美运动便是明证。而公众也越来越能以坦率、无邪、超然的态度看待人体的美。当今公认的美的身材,应该是**匀称的**(指身体各部分符合美的比例)、**健康的**(指身心两方面)。

图3-5-11 《大卫》[意]米开朗琪罗

首先,人体应有适当的比例,如五官端正、适度,身体各部分比例匀称。比例失调或失去常态,如驼背、大腹便便、肢体残缺则不美。其次,身体要健康而充满活力,发育要良好。病态的是不美的,以摧残身体为手段的审美观也是不可取的。比如中国古代封建社会的缠足、文身、束腰,一些原始部落的穿鼻、毁齿等习俗,是当代人无法接受的,也会被认为是不美的。

当然,现代人还通过**医学美容**和**运动健美**来达到美化人体的目的。但医学美容往往伴有人体的一定程度的痛苦、创伤风险及心理影响,需要谨慎对待。而健身运动结合饮食

图3-5-12

指导则不但可改善身体条件、使人体各部分比例更匀称、功能更良好,还能使人充满生机、更加自信。

人的外在美又表现为**风度气质美**。风度气质美是指人在长期生活中形成的外在的个性特征、风格、气度。它与人的经历、修养、情感世界密切相关,具有鲜明的

个体差异。它是人体外在美的重要构成因素，但比人体美的自然因素更深刻、更持久、更富感染力。风度气质美主要体现在**美的姿态动作、美的装饰打扮、美的语言谈吐**三方面。

图3-5-13 关则驹画作

图3-5-15 [英]格维得画作

图3-5-14 《肖像》[意]皮诺·德埃尼

姿态动作美是指人体各部分的协调配合而呈现出来的优雅、健康、富有生命力的外部形态。美的姿态应该是**自然、自由、自如**的，它具有动态美和造型美的特点。身材再好，如果姿态不好，也不会给人以美感。扭捏作态和轻浮、呆滞、不协调的动作都是不美的，无风度可言。古人所谓"立如松、行如风、坐如钟、睡如弓"就是对人的姿态动作的审美要求。动作姿态还反映着一个人的精神面貌、文化修养。在**社交场合**姿态动作应讲究端正、自然、大方。如坐沙发不要坐满，上身应端正挺直，时间长可靠沙发，但不可半躺半卧。两脚并拢或稍分开，两腿叠在一起时不可抖动或翘得太高。女性可采取两腿交叉或侧向一边的方式。在听别人讲话的时候，手可托下巴，但不能托头部，否则会显得萎靡不振。另外在公共场所过于表现自己，如拉拉扯扯、手舞足蹈、左顾右盼、搔首弄姿或大声喧哗都是缺少文化修养与风度的表现。在有些国家如年轻人在车上争抢座位不仅会被别人认为缺少风度，而且会被认为身体状况不佳。在正式场合缺少风度、没有礼貌、缺乏修养的姿态动作还有：伸懒腰、挖鼻孔、掏耳朵、搔头皮、抖腿、在听人说话和与人交谈当中频频看表、打哈欠、剔牙缝、吐烟圈、接打手机、嚼口香糖等。

装饰打扮美，服饰打扮是一个人精神世界的物质表现，也是人外在美的组成部分，在实际生活中，它具有时代性、民族性和个性化的特点。装饰包括发饰、面饰、手饰、胸饰、腰饰、服饰等。人类在原始时期就开始懂得装饰自己，发明了文身、涂色、插羽毛、戴耳环等。现代人的装饰材料、物件、技术手段则更丰富和先进。人类装饰自己，不单纯是美学问题，其中涉及复杂的社会文化因素和心理因素，但它也是人体美的重要范畴。下面主要谈一下**服饰**与**化妆**的问题。

作为人的意识的外化，服饰常常代表着一个时代的意识形态和审美观。在异化劳动条件下，人的价值被否定，在外交场合，只重衣衫不重人的现象十分突出。18世纪，欧洲盛行服饰外交，在社交场合，各国外交官纷纷争奇斗艳，依靠精美的服饰显示本国的威

图 3-5-16

仪,有时一次宴会要换几次服饰。在中国,传统的服装常常以掩盖形体为其主要特征,如旧式旗袍和长衫等。到了近代,随着思想的解放和社会的进步,人的价值重新得到了肯定,健美的身材成为人们追求的目

图 3-5-17

标。在这种形势下,以展示人的形体为特征的现代服饰思潮应运而生。大家知道,"比基尼"泳装的出现曾在社会上引起了一场轩然大波。毋庸置疑,它对传统思潮的冲击力确实不亚于一颗重磅炸弹。"文革"初期,绿军装和蓝色中山装成为全国上下老少皆宜的统一服装。后来,随着时代的发展,人们的思想逐渐解放,服饰的颜色也变得丰富多彩起来。时至今日,人们的服饰逐渐向着休闲化、个性化方向发展。选择什么样的服饰,越来越成为穿着者文化修养、审美情趣的一种外在表现。

"量体裁衣"说明服饰只有依靠人体才获得了审美价值。服饰对人是主动、积极的。如果说人体美是**天然的、固定的**,那么服饰美则是社会**约定俗成的、变幻无穷的**,是人的审美趣味的形象表达。**服饰的选择**要考虑到面料、色彩、款式这三个要素。因为服饰也体现出社会的生产水平、生活面貌以及人们的思想水平和审美趣味。服饰对个人来说要讲究因人而异与搭配。如全身服装主色不宜超过三种;肤色较白的人选什么颜色都可以;大色块服装适宜身材高大者,身材瘦小者忌之;较胖的人适合穿颜色较深的衣服,身材瘦小者宜穿色彩明快服装;腿短者适合穿长上衣与高跟鞋,腿长者可根据自己身材来定衣长与鞋高等。

"流行"是服饰最为显著的特征之一,顺应潮流也是人对服饰打扮的一种追求。从行为学角度看,对流行的追求也是人对自卑的一种克服,是对自卑感的一种超越。另外,从流行的社会机能来看,它是个体适应群体或社会生活的一种方式,是一种从众现象。但对待服饰流行也要注意: 1. 要视各自具体身形条件来选择流行色款,力戒"东施效颦"。2. 服饰的流行性应该与其丰富性相统一。3. 流行性常伴随着稳定性的因素,而不等于频繁迅速地变换色彩款式。

成功的**化妆**则应是不露痕迹的,而浓妆艳抹、妖冶矫饰,不仅显得粗俗和轻浮,而且暴露出缺乏自信的心理缺陷。人的容貌美并不能全靠化妆来实现,但大方、得体、自然的化妆可以增添人体的美,弥补容貌与五官的不足。化妆的要领是扬长避短,尽量突出自己五官中最美的部分,淡化其他部分,遮掩丑的部分。如眼睛漂亮的人可突出眼部化妆,颧骨太高的人可用胭脂掩盖突出部分,嘴唇有缺

图 3-5-18 《对镜仕女图》(清)朱本

点的人最好不用亮色口红。

总之，**美的装饰**应该是大方、得体、个性化的。装饰的美不在于饰物是否华贵、时髦，而在于和人的年龄、体形、身份、气质、性格以及所处的环境是否**合适协调**。因为装饰美归根结底也是为了显露人体的美。恰当的装饰可以对人体扬美遮丑，而不得体的装饰却可能弄巧成拙。所谓"云南十八怪"里的"老太戴花像妖怪"就是这个意思。

图 3-5-19 《查波罗什人写信给土耳其苏丹王》[俄]列宾

语言谈吐美：有些美艳的女人和俊俏的男人，单看外形的确很美。可一开口讲话，满嘴粗言秽语，暴露出粗俗和浅薄，不仅毫无美感可言，而且显得丑陋不堪。语言谈吐是人的第二外表，语言谈吐的美是人的良好文化素养与思想品德的外在表现。语言美要做到四个基本要求：言之有据，言之有礼，言之有物，言之有味。**言之有据**是指说话要有事实根据，讲道理，摆事实，不能信口开河，主观臆断，人云亦云。**言之有礼**是指说话要分清对象，恰如其分，有礼有节，说话时态度和蔼，表情自然，语言亲切，表达到位，运用礼貌用语（如"谢谢""对不起""请"等），恰当地称呼他人，不随便打断人说话，不要每句话里都是我我我，会倾听，会表达，会交流，会自己动脑子想问题的答案等。**言之有物**一方面指的是说话要有信息，不能空洞无物，讲空话、套话和假话，同时也不炫耀自己所拥有优于别人的一切；另一方面，讲话要有自己的个性，要有自己的见解，不能东施效颦，拾人牙慧。**言之有味**是指运用语言的艺术性。口头语言美还包括内在美和外在美。**内在美**是指语言内在的**逻辑美**。严密的逻辑美是指在运用语言时要注意陈述的条理性和严谨性。要注意言简意赅，信息丰富，语义清晰，准确到位。自觉遵守形式逻辑中的基本规律，遵守语言运用中的语法，以保证语言能起到传情达意的作用。语言**外在美**是指语音美。**语音美**主要指语言声音的悦耳美。语言美若能与内容美和谐统一，就会形成特殊的艺术魅力，从而打动听众的心灵。语音的美包括重音的美、停顿的美、语调的美、音色的美、语势的美、共鸣的美等。另外适当的身体语言也有助于语言美的表达。如：

1. **目光**（用眼睛说话）。在中国，很多人和别人交谈时不好意思看着对方的眼睛。这可能是中国的传统，

图 3-5-20 [意]维托里奥画作

也可能是出于害羞。而在西方与别人交谈时，你必须看着他的眼睛（不要不停地眨眼和移动眼神）。如果没有这样做，别人会认为你不礼貌和不真诚。当然，这种交流中的注视，不是紧紧盯住对方的眼睛，而是自然地注视。道别时握手，也应该用目光注视着对方的眼睛。

2. **微笑**。微笑可以表现出温馨、亲切的表情，能有

效地缩短双方的距离，给对方留下美好的感受，从而营造融洽的交往氛围。面对不同的场合、不同的情况，如果能用微笑来接纳对方，可以反映出本人高超的修养，待人的至诚。微笑要发自内心、自然大方、真实亲切。

3. **手势**是人的第二语言，它不仅代表一个人的修养，而且常常表示特定的内容。一般来讲，动作可加强语气，强调内容，增强语言的表达力，但不可太多太重复，否则显得不庄重、单调而乏味。总之，**美的谈吐**应该是高雅、风趣、注意礼仪的。

可见，风度气质美在人的美中占有极其重要的地位。一个缺乏风度，气质很差的人，无论身材多好、容貌多俊，也是没有长久吸引力的。而有些外表并不美的人，却因有着迷人的风度和杰出的气质而能打动人心。贝多芬（图3-5-23）在一般人看来是个身材矮小、臃肿，长相古怪的人。但他却有着大艺术家特有的洒脱、高雅、脱俗的气质，因此让几乎所有认识他的人都为之倾倒。

外在美是人的美的一个重要方面，要塑造人的美须讲究外在美。但与自然美不同的是**自然美偏重于形式美**（外在美），**社会美则偏重于内容美**（内在美），人是社会关系的总和，他的美必须是内在与外在、

图3-5-21 《弘一大师造像》赵建成

图3-5-22 《贝多芬像》施蒂勒［德］

内容与形式的统一，必须符合人类社会特定条件下为多数社会成员所承认的伦理道德标准和价值标准。因此我们说"美人"不等于"人美"，"美丽"不等于"魅力"，只有内外都"秀"的人才算"完美"。

（二）人的内在美

我们常说的心灵美、精神美、人格美、内在美都是强调内容，即人的内在品质和性格的美。现实生活中，我们理想中美的人，愿意与之倾心相交的人，对之产生敬仰、爱慕的人往往都是内在美胜于外在美的人。所谓"有颗金子般的心"说的就是内在品质对外在感性形象的决定作用。人们在长期的社会实践中，认识到人的内在美比外在美更重要。古希腊哲学家德谟克利特（前460—前370）说："身体的美，若不与聪明才智相结合，是某种动物性的东西。"人的美总是在形象中体现着某种内在的、更深刻的东西，如理想、品质、修养、性格等。所以"美"的意义比"漂亮"要深刻得多，也丰富得多。漂亮可以使人获得形式上的美感，但不能

图3-5-23 《渔港新医》陈衍宁

图3-5-24 《杨靖宇将军殉国》王铁牛

使人道德高尚。人的漂亮是短暂的，但性格的美是常在的、持久的。莎士比亚在《一报还一报》中说："没有德行的美貌，是转瞬即逝的东西。可是在你的美貌中有一颗美好的心灵，所以你的美是永存的。"

在我国的先秦时期，也有这种"内美说"。大诗人屈原的"吾既有此内美兮，又重之以修能"就说明他很重视自己的外表，但认为内美更重要。这种"内在美"也就是我国传统的"秉德无私""中正""廉洁"及热爱祖国和人民，追求真理和正义等美好品质。现实生活中，一些具有人格魅力的伟人与普通人往往具有以下三方面的美好内在品性：

第一，**意志理想美**。表现为强烈的社会责任心和坚强的意志毅力，在个人行为和社会行为中体现出崇高远大的社会理想，乐观充实的生活理想，并显示出为实现理想而坚忍不拔、百折不挠的信念、意志和毅力等。**杨靖宇**将军率领东北抗日联军在十分艰难困苦的条件下英勇战斗，壮烈牺牲，敌人在解剖他的尸体时，发现这位威震四方的著名将军的胃里竟没有一粒粮食，只有一团杂草。杨靖宇的顽强意志和崇高理想所闪射出的美的光华，使在场的每个日军官兵都不禁肃然起敬。现实社会中的千千万万普通人，虽然过着平凡的生活，但也可能在平凡中显示自己的意志理想美。又如**樊锦诗**，一个新中国成立初期来自大城市的大学生，她在敦煌守护国宝41年，从青春少女到满头华发，她有愧于家庭、孩子，也怠慢了自己，但却用41年的守望告诉世人，她无愧于敦煌……这些都是在平凡中显示自己的意志理想美的典型例子。还有那些数不清的感动我们、"感动中国"的人和事都无不闪烁着这种人性大爱和大美的熠熠光辉。

图3-5-25 樊锦诗

第二，**道德情操美**。表现为正直的品格、善良的心地、丰富的感情、高尚的道德精神。对生活中的真、善、美有正确的判断和执着的追求，真诚待人，对自己以外的世界富有关怀和同情，大公无私，乐于奉献，对假、恶、丑的现象敢于斗争。道德情操的美，是通过具体行为来体现的，尤其是通过具体琐事来体现的。如**朱自清**不吃美国的救济粮、**鲁迅**的"横眉冷对千夫指，俯首甘为孺子牛"、陶行知的"捧着一颗心来，不带半根草去"就是伟人伟大人格的真实写照。被誉为我国"中国航天、导弹之父"的**钱学森**（图3-5-27），1934年考取清华大学公费留学生。在28岁

图3-5-26 钱学森

时就成为世界知名的空气动力学家。1950年他开始争取回归祖国，而当时美国海军次长金布尔声称："钱学森无论走到哪里，都抵得上5个师的兵力，我宁可把他击毙在美国，也不能让他离开。"由此他受到美国政府迫害，遭到软禁，失去自由。最终他终于冲破阻力回到祖国。自1958年起他长期担任火箭导弹和航天器研制的技术领导职务，为中国火箭和导弹技术的发展提出了极为重要的实施方案，对中国火箭、导弹和航天事业的发展作出了不可磨灭的巨大贡献。生前践行了"我是一名科技人员，不是什么大官，那些官的待遇，我一样也不想要"的诺言。他逝世后国人视其为"智商最高、骨头最硬的科学家，中国人的楷模"。又如**白芳礼**（图3-5-28），这位平凡的老人，在生命的最后19年里，省吃俭用，顶风冒雨奔波在街头，用蹬三轮车积攒的近35万元钱，资助了

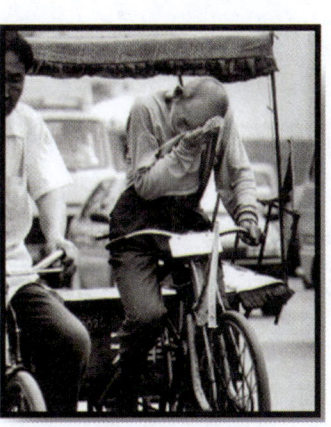

图3-5-27 白芳礼

近300名贫困学生，而他的遗产账单上的数字则是零。以上两位中一位是名人，一位是普通劳动者，但他们都用具体行动表现了自己博大的爱心和高尚的道德情操之美。

第三，**智慧才能美**。表现为思维敏捷，见解深刻，有丰富的想象力和创造力，富有幽默感，行动灵活果断，方法多样，善于克

图3-5-28　袁隆平

服困难，征服障碍，解决各种复杂问题。智慧、思维、想象力、创造力、幽默感是人所特有的，又是在社会实践中培养和发展的，它们是人的本质力量中最重要的因素。孔明的治国谋略、邓小平的改革智慧、爱迪生的创造才能、徐悲鸿的艺术才华、袁隆平的科学头脑……这些人类精英的智慧才能本身就曾创造出激动人心的社会美景。与人的外在美不同的是，人的内在美具有以下三个特点：

1. 深刻性：内在美是人格修养的结果，对社会的影响力十分大而且很深刻。

2. 独立性：内在美可以不依附于任何外在的装饰而闪射出动人的光辉。

3. 恒久性：内在美与外貌不同，是稳定的人格精神表现，可超越时间而存在。

生活中，人的美学属性大概可分为四种：内美外美、内美外丑、内丑外美、内丑外丑。雨果在他的浪漫主义小说**《巴黎圣母院》**中运用美丑对照原则塑造了几个人物：1. **卡西莫多**是雨果理想中"善"的化身。从外表看，这是个令人讥笑的人物。出身不明和外貌奇丑这两重灾难，使他在唾骂、嘲笑中长大。但他是个富于正义感、富于感情的人。在他受刑后口渴难耐之时，爱斯梅拉达送水给他喝，使他人性得以觉醒。从此以后，他变成爱斯梅拉尔达忠实的保护人。他劫持法场，将她救至圣母院避难，悉心照料她。就在女郎被绞死的深夜，他找到她的尸体，并头躺下，直到一同化为灰尘。卡西莫多是作者根据"丑就在美的旁边，畸形靠近着优美，粗俗藏在崇高的背后，恶与善并存"的美学原则创造出来的人物形象。2. 副主教**克洛德**是宗教恶势力的代表。他道貌岸然，内心却阴险毒辣。他指使卡西莫多夜劫爱斯梅拉达，一手造成了她的悲剧。但克洛德并非天生的恶人，是宗教使他的人性畸形发展，最后使他走到了人性的反面——灭绝人性。对于爱斯梅拉达，他是只可恶的"蜘蛛"，对于宗教，他又是只被吞吃的"苍蝇"。作为"蜘蛛"，他以宗教杀人，罪孽深重；作为"苍蝇"，他下场悲惨。3. **爱斯梅拉达**是作者理想中"美"的化身。她酷爱自由，纯洁善良，富于同情心。她挽救误入乞丐王国的青年诗人甘果瓦，不计前嫌给受刑时干渴难忍的卡西莫多送水喝，她热情天真，

图3-5-29　李亚军画作

至死仍爱着负心的法比，丝毫没有怀疑他会欺骗和背叛自己。她品格坚贞，面对克洛德的淫威宁死不屈，最后无辜地被送上绞架。《巴黎圣母院》中塑造的几个人物对于我们认识人的美丑有着现实借鉴意义。柏拉图说："应该学会把心灵的美看得比形体的美更加珍贵，如果遇到一个美的心灵，纵然其外表不很美观，也应该对他起爱慕。"法国启蒙思想家孟德斯鸠说过："一个女人只有一种方式才能够是美丽的，但是她可以通过十万种方式使自己变得可爱。"因为人的内在美是会影响外在美的。

在现实中我们所见"最美……""感动……"的人大多不是那些大富大贵者或俊男靓女，而是那些生活在我们周围的普通人。他们爱国爱家、遵纪守法、诚实守信、善良正直、知恩图报、举止文明、助人为乐、

图3-5-30

忠于职守、自强自立、有博爱心和社会责任心等品质，他们的事迹闪烁着高尚的人格美，成为引领社会良好风尚的核心能量，感动着我们并为我们树立了光辉的榜样。

虽然**心灵美**的具体表现往往带有**时代性、政治性、阶级性、民族性**，人们对心灵美的评价标准也往往有所不同，但对心灵美的价值、地位、作用，人们总是积极肯定的。足智多谋、深明大义的孔明能被不同时代、不同民族、不同社会集团视为人格美的典型，就充分地说明了这一点。因此每个人都应该树立远大而崇高的理想，加强意志锻炼和自我的道德情操修养，培养和开发智慧才能，以塑造美的心灵。

人既是自然的最高产物，又是社会活动的主体。但人的肌体具有自然的属性，是先天形成的；人的心灵则

图3-5-31 《感恩》陈继光

是受社会历史法则和个人经历、努力等因素影响，是后天所形成的。我们应该在按照美的规律改造客观世界的同时，也按照美的规律努力塑造自己美的灵魂，使自己既具有美的内在精神，又重视外在形态的修饰，成为一个有良好风度气质的、有"魅力"的人。而在世界上，许多情况下人们对一个国家、一个民族、一个地方、一类人群文化的认识和研究除历史传统外，往往也是通过对一个个现实中相关的具体人的为人处世态度和言行举止得以了解的。

"照天性来说，人都是艺术家。他无论在什么地方，总是希望把'美'带到他的生活中去。"（高尔基）

思考和练习

一、如何理解"人不会因为美丽而变得可爱,却会因为可爱而变得美丽"这句话的意思。

二、阅读下面一段文字,思考并讨论王选为什么能感动我们,在她身上我们看到了怎样的人格光辉。

"感动中国":王选

王选,女,1952年生于上海。中国受害者诉讼原告团团长。1969年,王选作为"知识青年"到崇山村插队,在那里生活了四年。1973年,王选被推荐到杭州大学(现并入浙江大学)学习英语,1976年毕业后回到义乌中学当英语教师。1984年调到杭州外语学校任教。1987年留学日本,两年之后,她以优异的成绩获得筑波大学教育学硕士学位。入选《南方周末》《中国妇女》等评出的2002年年度人物、"CCTV感动中国2002年年度人物"。

事迹:集结民间的力量,拨开历史的黑幕,这位外表柔弱的热血女子,和他身后的180名原告一道,成就了一段黑白分明的历史。

1995年,在日本求学八年的王选准备赴美国深造,一则关于细菌战受害者要求赔偿的报道和一幅照片改变了她的生活。这是3个即将充作试验"材料"的中国人,相隔六十年,他们目光中流露的恐惧与无助,依然让王选泪流满面。从那以后,王选放弃了留学美国计划,辞了英语教师工作,也放弃了做母亲的机会。为了让受害者的权利得到最大的体现,她开始了艰难的调查取证工作。1997年,王选被第一批原告推举为代表团团长。王选的号召力,使国内外众多媒体投向了这一群满身历创伤的老人,和那段充满血泪的历史。从日本到中国,从线索到真相,7年来王选寻找证据,组织诉讼,联合媒体,仿佛有力量在身后驱赶。在异乡的街头,她也遭遇了数不清的冷眼和闭门羹。

王选:我努力不要去恨,我也不愿意去恨日本人民,我只是想和他们谈一谈。但是我不明白也不理解,他们为什么要这样对待中国人。27次赴日开庭,犹如27次重大战役,指挥是一位外表柔弱内心坚强的女子,兵马是一群年逾古稀、身体病弱的老人。王选:一个民族,一个国家,对以前的历史要有一种继承,对受害者我们应该感到他们是我们的同胞,也是一种继承,他们没有被恢复的权利,他们受到侵害的权利和尊严,或者他们已经去世,在有生之年没有能够得到恢复,我们应该帮他们去做。

一位老人生前还在殷切盼望赴日开庭,九个月后已带着遗憾离开人世,临终留下了这一叠厚厚的调查资料。7年中,六分之一的原告已去逝。有力的证人正在消亡。诉讼的道路还有多长?

值得欣慰的是,这场马拉松式的正义诉讼,让许多日本人知道了从教科书上学不到的日军的战争犯罪事实,世界上进步的力量以及年青的一代,已经开始广泛参与介入,在诉讼判决之前,正义已经赢得了最广泛的支持和尊重。2002年8月27日,日本东京地方法院驳回了侵华日军细菌战中国受害者的赔偿请求。但在判决中首次认定日本侵华细菌战的罪行。有人说,日本人脑袋里最顽固的一颗螺丝钉松了。

美国历史学家、《死亡工厂》一书作者谢尔顿·H.哈里斯说:"如果中国有两个王选,日本就会沉没。"

颁奖辞:她用柔弱的肩头担负起历史的使命,她用正义的利剑戳穿弥天的谎言,她用坚毅和执著还原历史的真相。她奔走在一条看不见尽头的诉讼之路上,和她相伴的是一群满身历史创伤的老人。她不仅仅是在为日本细菌战中的中国受害者讨还公道,更是为整个人类赖以生存的大规则寻求支撑的力量,告诉世界该如何面对伤害,面对耻辱,面对谎言,面对罪恶,为人类如何继承和延续历史提供了注解。

(据CCTV网《2003感动中国人物事迹及颁奖词》摘编)

第四章

审美教育

导读：人以及社会都是文化的产物，而文化则是需要用教育来传承的。审美教育所要传承的是一种对美好事物的感知态度、能力和价值认知。尽管对于"美育"的解释目前还不尽一致，但其人格教育的属性则是毋庸置疑的。前面我们已了解了美学的一般常识，这里我们将着重学习如何运用相关知识为幼儿园实施美育服务，而这正是幼儿教师不可或缺的能力。

第一节　美育与幼儿美育

关于**美育**，目前学术界对此内容还未形成统一、明确的定义，许多学者分别从各自不同的角度、层面出发，对美育作出了各自的解释，概括起来主要有以下5种：

一、美育是情感教育

持这派观点的学者认为，美育是激发、培养情感的教育活动，"是一种使人变得高尚的内在情感教育活动"。因此美育是"把美对人的潜在的影响力转变为提高人的本质力量的价值"，是通过影响人的情感，塑造人的完善的审美心理结构来实现其目的，它的本质特征就是情感性。

二、美育是审美的教育

持这派观点的学者认为，美育具有发展人的审美能力的功能。如《中国大百科全书》便将美育定义为"培养学生认识美、爱好美和创造美的能力的教育，也称为审美教育或美感教育"。

三、美育是人格教育

持这派观点的学者认为，美育具有促进个体素质和谐、全面发展的作用，因而美育的任务是培养完善的人，使人具有高尚的情操和崇高的理想。

图4-1-1 （王成如 摄）

四、美育是美学理论的教育

持这派观点的学者认为，美育是通过对美学理论的传授来提高个体的美学素养的一种教育活动，教学的重点在于美学理论知识的传授及学生对基本的美学知识和必要的审美表现技巧的掌握。这种关于美育的认识，在我国教育界中曾长期占据主导地位，为各级各类学校的教师所奉行。

五、美育是美学方面的教育

持这派观点的学者认为，美育"在总体上也包括一切美学知识方面，一切审美方面和一切艺术方面"。这种观点较好地阐明了美育、美学和教育的内在联系，以及美育与审美、与艺术、与美学文化知识的教育之间的关系，但却有点笼统。

图4-1-2　凡尔赛宫门口（洪维　摄）

我们认为美育是审美与教育结合的产物，应以培养和发展人的审美能力为主要目的。主要是借助对自然美、社会美、艺术美进行的赏析而进行的一种教育活动，其目的是培养受教育者对美的形态、结构等的感受、鉴赏、创造能力，培养受教育者正确的审美观点、高尚的审美情操，使其得到精神上的满足与愉悦，得到情操上的陶冶，提高人们的生活趣味和生命的质量，最终达到人格上

图4-1-3 （洪维 摄）

用特定的途径和手段对人们进行审美教育、美感教育，这种教育就是美育。美育要依托各种艺术以及自然界和社会生活中美好的事物来进行，因为这些能使人在欣赏美的过程中产生愉悦、动情，不知不觉地受到感染、影响和熏陶。

对美育，不同时代的人们有过很多论述。18世纪德国启蒙运动时期美学家**席勒**在《审美教育书简》中指出："从美的事物中找到美，这就是审美教育的任务。"在我国，最早把西方美学思想介绍到我国的**王国维**强调："完全之人物不可不具备真善美之三德，欲达此理想，于是教育之事起。教育之事亦分为三部：智育、德育（即意志）、美育（即情育）。"他认为，体育可以"发达其身体"，德育、智育、美育可以"发达其精神"，共同的目的则是要使

的完善。广义的美育，目的在于促使人不断地追求和完善自己。**狭义的美育，主要是指艺术教育。学校美育应从广义上（含理论与实践）实施。**美育不是一门课，而是教育中要求达到的一个目标，就如一次科学活动的情感目标里可包含审美启蒙因素一样，教育的多目的化与最佳效果是可能得以实现的。

在我国，美育有着良好的传统。早在商代，乐、舞的知识技能就已成为学校教育的内容。**孔子**主张"兴于诗，立于礼，成于乐"，他把礼教与音乐教育联系起来，并将此看成是立身处世的手段。从孔子听"韶"乐后，"三日不知肉味"的反应也可以看出，那时人们已懂得乐的审美价值和陶冶作用。审美教育是人类文明发展的必然结果，也是人类自身建设的一个重要方面。美是我们生活中无处不在的客观现实，但却不等于人人都能发现美，都能正确地认识美。尽管爱美是人的天性，但是爱美之心带有极大的自发性，仅凭此是不可能进行高尚的审美活动的，必须在此基础上培养正确的审美观念、健康的审美情趣和能力，才能自觉地、健康地感受和理解自然美、社会美、艺术美。这就是说，需要通过一种专门的教育，

图4-1-4

"人之能力无不发达且调和"。**蔡元培**则对美育作了这样的解释："人人都有感情，而并非都有伟大而高尚的行为，这是由于感情推动力的薄弱。要转弱为强，转薄为厚，有待于陶养。陶养的工具，为美的对象；陶养的作用，叫作美育"。蔡元培还指出"**凡是学校所有的课程，都没有与美育无关的**"。当代著名教育家**苏霍姆林斯基**说得更明确："美是道德纯洁、精神丰富和体魄健全的强大的源泉。美育的最重要的任务是：教给儿童通过周围世界的美、人的关系的美而看到精神的高尚、善良和诚挚，并在此基础上确立自己的美的品质"。所以也可以

图4-1-5 （洪维 摄）

说美育是一种美好的情感教育、是爱的教育、是良好处事态度的教育。

我们生活的环境中充满了美，从而使美育的实施有了可能性与必要性。当这些艺术与现实中形态各异的美与人的情感、心理形成共鸣时，它们便成为人们的审美对象。因为人不仅具有审美的生理基础和心理基础，而且还具有将个体的情感投射到审美对象中去的心理功能。而实施美育的过程，也就是主体对欣赏对象进行感受、欣赏、评价、判断等活动的实践过程，也是主体的生理结构、心理结构均受到美的感染、熏陶，在不知不觉中发生变化的过程。通过美育活动，不仅人的审美能力和审美情趣得到了提高，而且人的精神面貌也因此得以升华。

审美教育以美的形象对人们的情感起潜移默化的作用，**必然要符合受教育者的自愿要求，采取自由的娱乐方式**。也就是说，审美教育要通过娱乐的方式来进行。因此，教育者应当根据受教育者的年龄特征、智力水平、个性特点、审美趣味等不同情况，为他们提供合适的审美对象，以便引起他们的兴趣，使他们乐于接受。

所谓幼儿美育，是指幼儿审美教育，它是根据幼儿身心特点，利用美的事物和丰富的审美活动来培养幼儿初步感受美、表现美的情趣和能力的教育。也就是以现实生活和艺术领域中无比生动、丰富的美作为内容，以各种幼儿感兴趣的活动为手段，达到丰富幼儿情感世界，提高幼儿审美水平、审美情感，使幼儿得到全面、健康发展的一种教育

图4-1-7 （宁波江东外小附属幼儿园供图）

活动。幼儿美育可以陶冶幼儿的情操，启迪幼儿的审美感，发展幼儿的欣赏力，培养幼儿的创造力；同时幼儿美育也是幼儿表情达意和陶冶情操的最好工具。陈鹤琴提出了美育的快乐原则、整个教学法原则、生活化原则、本土化原则，以及重视环境的创设、重视幼儿艺术兴趣的激发、重视幼儿审美能力的培养等幼儿美育方法。《幼儿园教育指导纲要（试行）》和《3—6岁儿童学习与发展指南》也从这些原则出发对幼儿美育在幼儿园教育中的地位作了相关阐述和操作层面的指导。如《幼儿园教育指导纲要（试行）》提到"艺术是实施美育的主要途径，应充分发挥艺术的情感教育功能，促进幼儿健全人格的形成。要避免仅仅重视表现技能或艺术活动的结果，而忽视幼儿在活动过程中的情感体验和态度的倾向"。并且把"能初步感受并喜爱环境、生活和艺术中的美"作为艺术教育的目标。又如《3—6岁儿童学习

图4-1-6 （洪维 摄）

图 4-1-8 （洪维 摄）

与发展指南》也提出："幼儿对事物的感受和理解不同于成人，他们表达自己认识和情感的方式也有别于成人。幼儿独特的笔触、动作和语言往往蕴含着丰富的想象和情感，成人应对幼儿的艺术表现给予充分的理解和尊重，不能用自己的审美标准去评判幼儿，更不能为追求结果的'完美'而对幼儿进行千篇一律的训练，以免扼杀其想象与创造的萌芽"。同时在两个文件的相关部分我们也可以看到"愿意""初步感受""喜欢""乐于"这些着眼于接受者主观态度，符合受教育者自愿要求，与自由娱乐方式相关的词语。

幼儿也喜欢美丽的花朵、生动有趣的玩具、轻松欢快的音乐等美好的事物。但如同成人喜欢喝咖啡或绿茶、美酒一样，幼儿的乐感、色彩感等形式美的感觉以及对事物的好恶情感是由后天形成的，也就是说他们的正确的审美观是靠后天逐步培养起来的。正确的审美观会潜移默化地影响幼儿的成长，会使他们学会分辨是非、善恶、美丑，从而

图 4-1-9 （洪维 摄）

形成高尚的情操和良好的品性。幼儿美育旨在培养幼儿初步的理解美、感受美的能力，使幼儿能够按照美的规律获得全面发展，它是一种人生启蒙性质的教育。但受年龄和身心发展特点的限制，幼儿还没有能力从实质上理解美、感受美和评价美，这就要求幼儿教育工作者必须重视幼儿审美教育的内容与方式方法的选择。

图 4-1-10 （洪维 摄）

幼儿美育是美育的一个组成部分，但不是成人美育的下移，幼儿美育有其自身的教学特点、规律与要求，须遵循幼儿自身审美欣赏、身心发展的客观规律与教育目标，是幼儿最近发展区以内的

图 4-1-11 （宁波江东外小附属幼儿园供图）

教学。幼儿美育必须是生动化、具体化的，它要求必须与幼儿这个特殊欣赏主体的经验、认知水平相符合，更加强调选择性和针对性。因而在实际的教学中，切不可以简单地将成人美育或大美育的教学过程移植到幼儿美育的教学过程中，或直接替代幼儿美育自身的教学过程。教育孩子"学会审美"也是学前儿童教育的重要内容，对幼儿的发展具有十分重要的影响。它具备使幼儿认识深化、道德感化、情感净化、智能开发和心理平衡等诸多功能，在幼儿和谐发展中显示着它独特的作用。

思考与练习

一、在某期《缘来非诚勿扰》电视节目上,一个外国嘉宾说他找女朋友的标准是"德、智、体、美全面发展",但当主持人让他解释"美"的含义时,他却回答说是"长得漂亮"。你觉得他的回答逻辑上有问题吗?为什么?

二、举例谈谈你对审美教育要"符合受教育者的自愿要求,采取自由的娱乐方式"这句话的理解。

第二节 幼儿美育的目标、特点与作用

一、幼儿美育的目标

我国行政部门对幼儿美育的目标曾有过多次阐述。1981年由卫生部颁发的《三岁前小儿教养大纲(草案)》提出:"要培养小儿的饮食、睡眠、衣着、盥洗、与人交

图4-2-1 摄于20世纪50年代

往等各个方面的文明卫生习惯及美的观念。"1981年教育部颁发的《幼儿园教育纲要(试行草案)》规定了美育的目标是:"教给幼儿音乐、舞蹈、美术、文学等的粗浅知识和技能,培养幼儿对它们的兴趣,初步发展他们对周围生活、大自然、文学艺术中美的感受力、表现力、创造力等。"1996年颁发的《幼儿园工作规程》第五条指出,幼儿美育的目标是:"培养幼儿初步的感受美和表现美的情趣和能力。"这是对幼儿美育目标的总结性的、概括的描述。2001年公布的《幼儿园教育指导纲要(试行)》(以下简称《纲要》)也指出:幼儿园艺术教育的

图4-2-2 (宁波江东新城第一幼儿园供图)

目标是:"1.能初步感受并喜爱环境、生活和艺术中的美;2.喜欢参加艺术活动,并能大胆地表现自己的情感和体验;3.能用自己喜欢的方式进行艺术表现活动。"而《3—6岁儿童学习与发展指南》(以下简称《指南》)则表述为"喜欢**自然界**与**生活中**美的事物""喜欢欣赏多种多样的艺术形式和作品"等。

布鲁纳在《教育目标分类学》一书中根据幼儿心理发展的特点将教学目标划分为认知、情感、技能三方面,据此我们可结合幼儿教育实际,从三个方面对幼儿美育的目标加以具体认定。

1. 小班(3—4岁)。

(1)**认知目标**:能从对自然景物、艺术作品、社会环境的体验中认识到美的存在;初步认识艺术作品中具有的简单的美的表现形式。

(2)**情感目标**:初步感受自然、艺术作品以及周围

图4-2-3（洪维 摄）

环境里的美好事物，对这些产生兴趣并能用自己喜欢的方式表达愉快的情绪。

（3）**技能目标**：初步学会在自己的作品中对线条、色彩加以运用。初步运用肢体、表情、语言等表达自己欣赏后的感受。

2.中班（4—5岁）。

图4-2-4 摄于20世纪50年代

（1）**认知目标**：通过欣赏艺术及周围生活环境中的美，感知其中的形式美的成分；初步理解艺术作品中颜色、线条、节奏、旋律等要素的表情达意作用。

（2）**情感目标**：喜欢自然、艺术作品以及周围环境里的美，热爱艺术创造并感受艺术创造带来的快乐，热爱劳动者和劳动产品。

（3）**技能目标**：能说出自己喜爱或不喜爱某事物或环境的理由，并对此作简单评价；能学习用身边的物品和废旧材料来美化自己的生活环境。

3.大班（5—6岁）。

（1）**认知目标**：通过欣赏，能初步感受并喜爱环境、生活中的美，初步理解艺术作品中的形式美。了解自然、环境与人类生活的关系，有初步环保意识。了解美的形状、色彩、结构、节奏、音色等要素在艺术作品中的表现作用；了解一些绘画与音乐的表现技法。

（2）**情感目标**：喜欢各种不同的美的形态；喜欢动植物，喜欢亲近大自然；喜欢用语言、绘画、各种表演性活动来表达自己对美的人、事、物的喜爱；喜欢展示自己美的创造与喜欢欣赏别人美的创造。

（3）**技能目标**：能用自己喜欢的方式表达出对周围

图4-2-5（宁波江东新城第一幼儿园供图）

环境与生活中美的事物的喜爱之情；能用自己喜欢的方式进行艺术表现活动。在欣赏、评价美的事物时能大胆而较贴切地讲出自己的感受。（我们主张在制定教学目标时把"喜欢……""愿意……""乐于"这样的情感目标表述放在首位，因为幼儿对美好事物的接受是受积极情绪的影响并建立在他们自愿的基础上的）。

图4-2-6

幼儿园的美育的目标要求是多方面的，以上只是较为笼统的表述，与《指南》中的要求相一致。实施过程中要与幼儿园办学理念很好结合。我们在重视幼儿审美教育的同时，应**着重发展**他们对美的**想象力**和**创造力**，只有这样，才能使幼儿的素质全面获得发展。

二、幼儿美感与幼儿美育的特点

（一）幼儿美感发展的特点

每个人与生俱来便有"美感"，不管它是以哪一种形式存在，都能令当事人心中产生一种感动，但是成人所认知的"美"却因为受到个人学习经验、环境影响与社会价值影响而与幼儿有所不同。哈佛大学著名的心理学家霍华德·加德纳研究显示，**人的美感知觉发展**可分为5个阶段：

图4-2-7　塔蒂亚娜［俄］画作

1. 知觉期——这是美感最早萌发的时期，约在幼儿出生至2岁间，这个阶段的幼儿能够敏锐地分辨客观事物的特质，如长短、颜色、大小、深浅……所以是"美感"概念的建构期。

2. 符号认知期——约在2岁至7岁之间，这个阶段的孩子以洗澡盆象征船、以易拉罐拉环代表戒指，符号对他们而言，就是真实的世界，因为想象空间大，所以接受"美"的能力也非常强。

图4-2-8　康纳德·左拉［美］画作

3. 坚持写实期——约在7岁至9岁间，这个阶段的孩子对于意象的描述，强烈要求与实物相同，会认为像照片一样真实的画才是好画。

4. 主观美感期——在9岁至13岁间，这时期已经进入讲求自我的青春期，所以会特别强调风格与独特，注重主观意念表达，在审美方面具有非常强的个人意识。

5. 美感投入期——约在13至20岁间，此时期美感知觉发展的特征是能够批判选择，对艺术要求深入地了解，有形式分析能力与相对的判断标准。

图4-2-9　塔蒂亚娜［俄］画作

从上面的各发展阶段，我们发现个人的美感知觉会随着成长而改变，如果给予正确的引导，美感知觉就会加强，相反的，它也会因为忽视或错误的学习而退化。幼儿美育是根据幼儿身心特点，利用美的事物和丰富的审美活动来培养幼儿感受美、表现美的情趣和能力的教育，幼儿的身心发展的特点决定了**幼儿美感发展**的特点。

婴儿心理学实验证明，**两个月**的婴儿视觉已经能够集中于物体，三四个月开始对颜色有分化反映，偏爱红色，红色能引起幼儿注视，手足欢动。两三个月的婴儿能

图4-2-10　史蒂夫·汉克斯［美］画作

听音乐,对有节奏的声音表现出愉快情绪,但这些对美的反应基本属于无意识反映,不是真正的美感。**一岁左右的孩子**,已具有对声音、颜色、形状的初步分辨力,并开始理解语言,学习语言。对色彩鲜艳,音响悦耳的玩具表现出兴趣和喜爱,在成人富有感情的语言、表情、动作的伴随下,他们**开始对"美"这个词与美的事物的感知建立联系**。两三岁的儿童能将"美的""好看的"语言与所接触的玩具、漂亮的衣服、好看的画书、花草、整洁等事物和现象联系在一起,并模仿着成人的情感体验,表现出喜悦、愉快。这年龄阶段的幼儿,是**通过模仿而产生美感的**,即在成人美感的直接影响下产生的。例如,给一个一岁的女孩头上扎了红色的蝴蝶结,把她带到镜子面前,一面照一面告诉她:"你头上戴了大红蝴蝶结,真美丽!"在富有感情的语言,喜悦的表情、手势和直观美的对象多次地出现时,孩子便渐渐对扎蝴蝶结有了美感。但此时幼儿自己尚没有形成独立的美感反映,这是模仿成人的结果。如以后再让幼儿将表示美的词与花衣服、彩色玩具、庭院花卉、图画书以及动听的音乐等可感知的事

图4-2-11

物逐一建立联系,并让他们将美的与不美的现象加以对比,他们的审美感知能力就会增强。随着知识与经验的增长,在**学前晚期**,幼儿能够欣赏多种形态的美,能够分析一些美的性质,能够在日常生活中表现美,在艺术活动中创造美,**开始有了真正的美感反映**。如幼儿会把图画书整理得很整齐,在游戏时会布置、美化娃娃角、在绘画中、在唱歌比赛中能表达出对美的追求。

学前儿童美感的最初发生和发展,不是先天赋予的,而是在教育活动中获得的。所以要提供给幼儿色彩、声音、形体等多样的美的刺激,为他们模仿成人的美感创造条件,并进一步扩大幼儿感受美、创造美的范围。幼儿**美感表现**有着自身的特点:

情绪性:幼儿的美感表现是与良好的情绪体验相联系的,带有情绪性。幼儿在积极情绪下产生美感,在消

图4-2-12(洪维 摄)

极情绪下,对美的事物反映差,甚至产生反感。例如,在教育影响下,幼儿对一件已经褪色的旧衣服,会由于熟悉它又舒适合体而喜欢它,认为它是美的。又如幼儿最喜欢自己的妈妈,认为妈妈总是最好看的,因为妈妈常会给他带来快乐。幼儿身体健康、有安全感、个体需要得到满足时,情绪常是良好的,积极愉快的,这时能对周围事物产生美的感受。

表面性:幼儿的美感表现比较肤浅、幼稚,带有表面性。幼儿喜爱鲜明、艳丽的颜色,不甚注重色彩的协调。如三岁的幼儿最先认识的颜色是红、黑、绿三色,在涂色时也喜欢选用这三种颜色。幼儿喜欢听明快、变化明显的曲调,喜欢听故事中描述动态的情节。幼儿对表面的、简单的形

图4-2-13(洪维 摄)

式美容易感受。对内在美的感受、对美的表现形式的比较与选择，则在学前晚期才开始发展。

行动性：幼儿对美的感受多通过动作、表情、语言及活动等方式表达出来，带有行动性。幼儿对美的东西总喜欢看一看，动手摸一摸，听一听，闻一闻，往往通过操作和活动等多种感觉活动来探索得到美感。如看到一个美丽的娃娃玩具，就会去亲一亲它，听到一首快活的乐曲，幼儿会随着乐曲的节奏动作起来。幼儿不能静静地欣赏美，他们接受美时总要和一定的动作或活动相伴随，所以幼儿的审美不是严格意义上的审美，因为我们前面提到过真正的审美是需要与对象保持距离的。

（二）幼儿美育的特点

幼儿美感的特点决定着幼儿美育的特点，幼儿美育具有形象性、情感性和娱乐性三个特点：

1. 形象性。

形象性是美的基本特点，无论是自然美、生活美和艺术美，总要通过一定的形象表现出来，没有形象就没有美。对于学前晚期的儿童，随着其活动范围的扩大、

图4-2-14

感性经验的增加和语言的逐步丰富，其思维也有了一定的发展。但是，这一年龄阶段儿童的思维仍然主要依赖于事物的具体形象、表象而进行。在审美教育过程中，我们不能脱离他们本身的认知、思维发展水平和已有生活经验而向他们灌输抽象的概念，幼儿美育的内容、材料，形式及方法都更多地体现出形象性的特点。

提供给幼儿的审美对象无论是来自于大自然、日常生活还是现成的艺术作品，都要具有鲜明的形象。对幼儿来说，直观形象既可以是具体化的视觉形象，如自然界的各种景物或有具体形象的美术作品等，也可以是听

图4-2-15 （洪维 摄）

觉形象。虽然听觉形象不能以具体的画面呈现在幼儿面前，但是通过教师和成人运用一定的具体的形象的辅助手段，如画面展示和讲解等，同样可以帮助幼儿展开丰富的想象，从而领略到其中美的意境。如在一次中班音乐欣赏活动中，幼儿在听完《梦幻曲》后告诉老师："我听到了小鸟在蓝天飞""我听到了又一个舞会""我听到了公主流下了眼泪""我听到了小手在表演""我听到了柔美的小花在飘"。幼儿文学作品也一样，需要注意有鲜明的形象，抽象的说教幼儿是不会接受的。儿歌中运用的强烈的节奏与押韵（如"大白鹅，头一昂，眼睛长在脑门上……"），童话中拟人化动物为主的角色，语言方面表色彩、表声音、表动作的词的大量运用，目的都是为了突出作品形象，为了使幼儿更好地感知作品的美。

2. 情感性。

除了形象性特点之外，情感性也是幼儿美育的重要特点之一。幼儿美育的目的是培养幼儿初步的审美感受和欣赏能力，它是一种诉之于幼儿情感的教育。幼儿美

图4-2-16（宁波镇海蛟川幼儿园供图）

育不是局限于艺术技能的教育，所以让幼儿掌握艺术技能并不是它唯一或主要的任务。幼儿美育注重对幼儿进行情感上的熏陶，它必须摆脱成人的功利目的，而以发展幼儿精神上的快乐体验为主要目的。

此外，幼儿情感正处于由低级向高级逐步发展的重要时期，其情感体验也在逐步地丰富，寓于情感的美育活动对他们的情感发展起着明显的推动作用。幼儿在美育活动的过程中不但能体验到情感上的愉悦，同时也对美的事物引起情感上的共鸣，审美感受力和审美情趣会在潜移默化中得到发展。

图4-2-17

所以在审美活动中，为幼儿创造一种情景，使他们身临其境，以加深他们对美的事物的感受是非常必要的。目前我们的幼儿教师，在教育教学中创造了许多方法和手段，如情境教学、快乐教学等，这些都是美的教育的典范，因而也获得了极大的成功。另外，在目前的幼儿创作童话中也出现了一些能恰如其分调动幼儿情感体验的绘本故事，中国的如《岩石上的小蝌蚪》《雪孩子》《流星花》等；国外的如《我爸爸》《猜猜我有多爱你》《去年的树》《爷爷有没有穿西装》《抱抱》等。这些也是幼儿园开展美育活动的很好的教材。

3. 娱乐性。

美育是个人在爱好的形成中，在娱乐中接受的教育。看戏的人往往不是为了受教育才上戏院，而是去娱乐、去享受美的。当一位观众看完悲剧，含着眼泪离开剧场的时候，虽然他不自觉地接受了情感上的熏陶、心灵上的洗涤，但他首

图4-2-18（宁波江东外小附属幼儿园供图）

先选择的是一种休闲方式，一种娱乐方式。所以，教育指出"寓教于乐"是美育的一个重要特点。

幼年时代是游戏的时代，幼儿在这期间最重要的活动就是**游戏**。儿童追求快乐的天性使他们对一切游戏性的活动都充满兴趣。因此，将美育寓于游戏和娱乐中，是幼儿美育的又一重要特点。幼儿的美感或多或少是与本体参与性质的快感相联系的，属于较低层次的美感。所以带有游戏性的美育活动，不仅能吸引幼儿积极地参与，也可以更好地促进儿童形成活泼开朗、积极向上、主动探索的个性，这就是所谓的"玩中学"。

幼儿美育的游戏性首先体现在它的**内容**上。幼儿美育的很多材料本身就带有一定的游戏性，比如一些民间游戏儿歌及表现儿童情趣的手工制作等，它们生动

图4-2-19（宁波江东新城第一幼儿园供图）

有趣,操作性强,很受孩子们的喜爱。为此,教幼儿学唱歌时,歌曲一定要旋律优美,节奏轻松。给幼儿讲故事,考虑到幼儿思维的具象性特点,故事中的人物形象一定要鲜明生动(如蓝精灵、白雪公主、没有牙齿的大老虎等),故事情节一定要生动而富有童趣,往往带有一种稚拙美(如小猫尿床的痕迹是一条鱼、老鼠妈妈请猫当保姆照看小老鼠)、纯真美(如为了漂亮晴天穿雨

图4-2-20 (宁波江东新城第一幼儿园供图)

衣到幼儿园来、冬天给鱼缸里的金鱼加开水)和荒诞美(蛤蟆大姐和水牛大哥结婚、人和树对话)。让幼儿学唱的儿歌也必须是朗朗上口的(如"满天星,亮晶晶,好像青石板上钉铜钉")。让幼儿画画,命题也必须是幼儿感兴趣的(如"海底世界""动物超市"等)。没有这些成分,是很难收到美育效果的。

除了体现在内容上,幼儿美育在**形式**上同样也体现出游戏性的特点。这种特点主要表现在美育活动形式的灵活性和多样性上。美育活动既可以是集体活动,也可以是小组活动或个别活动。还可以通过角色游戏、建构游戏等使幼儿在轻松愉快的氛围中获得美感的发展。

审美过程会使幼儿感到精神自由、舒畅,所谓"随风潜入夜,润物细无声"就是对幼儿美

图4-2-21 (崔晓岭 摄)

育特点最好的比喻。事实证明,幼儿的美感是可以通过幼儿园的启蒙教育被培养起来的,有些科学家甚至主张从胎儿时期就应该开始给幼儿以美感刺激。总结以上几点,在实施幼儿美育时要注意:

1. **用具体鲜明的形象去引导幼儿直接感受美**,而不要求对美的形象从逻辑上进行过多的分析和理解。

2. 以培养幼儿审美的情感,而不是以培养审美观念、概念为主。

3. 以培养表现美的兴趣为主,而不以训练技能、技巧为主。

三、幼儿美育的作用

(一)有利于塑造幼儿美好心灵

美育的目标跟德育是一致的,都旨在培养幼儿美好、善良的心灵。只是德育侧重于以理服人,美育则侧重于以美动人,以情感人。比如:有趣的故事、神奇的童话常常可以使幼儿明白什么是美的、什么是丑的、什么是好的、什么是坏的。阿·托尔斯泰的《拔萝卜》,能激发幼儿团结友爱的高尚情感;雷锋、黄继光的故事,可以使幼儿学到助人为乐、勇敢顽强的精神;参观名胜古迹,游览名山大川,可以使幼儿热爱生活,并激起他们热爱祖国大好河山的情感。对塑造幼儿美好心灵来说,

图4-2-22 (宁波江东外小附属幼儿园供图)

"寓教于美"效果是最好的。

（二）有助于发展幼儿智力

审美教育有助于幼儿智慧和想象力、创造力的发展。幼儿所接触到的美的事物及在创造美的活动中所整合的各种知识经验，以及他们通过审美活动发展起来的直觉能力和空间想象能力，对抽象、逻辑思维起着互补作用，

图4-2-24 （宁波江东外小附属幼儿园供图）

（四）可增进幼儿健美体态

健康的体质主要来自体育教育，但据现代心理学和生理学研究表明，当人心情愉快，消除各种困扰精神的因素时，会促进有益于身体健康的生物化学物质的分泌，可以增进健康。审美教育引导幼儿享受精神愉悦的过程，

图4-2-23 （宁波江东幼托实验园供图）

这有助于幼儿一般智慧的发展。很多事例表明，在幼儿期就有浓厚的审美活动兴趣并经常参加审美活动的人，在他们上学后即使是在有固定知识结构的学习中，也往往表现出感悟力强、思维敏捷、想象力丰富、动作灵敏协调、感情充沛等特点。一定意义上说艺术中的灵感，科学中的顿悟，也是审美教育的成果，是美育对智力开发的贡献。

（三）可以愉悦幼儿性情

美育是一种情感的教育，陶冶情感、塑造心灵是它的基本功能。幼儿美育的实施，首先需要幼儿充分调动感官，观察和感受自然、生活和艺术的美。任何美育活动都要建立在幼儿对外界的感知基础上。这种初级的感官感受虽然还只是停留在生理上的，但是一旦失去了这种感受，幼儿更高级的情感和想象活动就失去了基础。只有当这种初步的感知引起了幼儿愉悦的体验以后，才能进一步引起他们的想象和情感上的共鸣。有了这种**愉快的**审美情感，无形中就促使幼儿更加喜欢运用感官寻找、观察和感受生活中的美，通过美育活动，幼儿的"情商"也会得以提高。

图4-2-25 （宁波江东新城第一幼儿园供图）

不能不说对心理健康是有益的。除此之外，审美教育还与幼儿体态、动作、行为、举止美的培养相联系，审美教育可以与体育教育自然并行，而不是像与智力、德育教育那样还隔着一层理性的屏障。姿势、动作的美本身

图4-2-26 （洪维 摄）

就是审美教育内容,凡是身体感性形式符合审美规律的,都有助于身体健康的发展。蔡元培说:"体操者,一方面以健康为目的,一方面以身体为美的形式之发展。"幼儿审美教育与幼儿健康教育目标也是一致的。

综上所述,美育对于幼儿的全面发展来说,具有十分重要的意义。它对幼儿完美人格的形成具有不可小觑的影响,它为幼儿对未来积极生活的态度奠定了良好基础。

思考与练习

一、指出下面这些教案中的"情感(美育)目标"表述有哪些不当,并加以修改。

1. 培养幼儿积极向上的乐观精神,体验劳动的快乐。(中班音乐《采茶》)
2. 理解散文内容,了解借用物体表达感受的方法。(大班语言《家是什么》)
3. 培养对民间艺术的热爱,体验解决问题后的成就感。(小班美术《年画》)

二、美国《哈佛大学通识教育红皮书》指出"**有教养的人应该具备优良的行为方式和高度的审美与道德准则**",英国著名私立学校伊顿公学的校训含有"**独立、友爱、忠诚、尊严、勇敢、传统、绅士……**"等内容,试比较国内一些高校的校训并结合本节内容谈谈你的感想。

第三节 幼儿美育的实施形式与途径

一、幼儿美育的实施形式

研究表明,3—6岁幼儿的思维特点是以具象为主,抽象逻辑思维刚刚萌芽,故幼儿美育实施应该贯穿在幼儿与环境、同伴以及与成年人的种种交往关系之中。简而言之,幼儿园的日常生活、各种游戏以及各类教学活动中都可以用来实施美育。在幼儿的生活中,包括学习、玩耍、交往、进餐中处处存在美育内容。幼儿园美育的实施必须面向全体幼儿,并与幼儿家庭、社会的教育相互结合。

图4-3-1 (宁波江东新城第一幼儿园供图)

（一）游戏过程中的美育

对于成年人来说，童年最美好的回忆莫过于与小伙伴一起打仗滚爬的一身尘灰与跳皮筋时的争吵等。爱玩是幼儿的天性，**游戏**是幼儿生活最基本的形式。幼儿每天都离不开游戏活动，生动有趣的游戏能强烈吸引幼儿、感染幼儿，使他们在玩乐中得到满足，感受生活的美好。教师可以通过幼儿喜欢的角色游戏、建筑游戏、桌面

图4-3-2 （摄于20世纪50年代）

游戏、表演游戏、音乐游戏和体育游戏等形式来实施审美教育。如可以在**区域活动**游戏中为幼儿创设商店、医院、公共汽车、照相馆、理发店、银行、餐饮店、花店等，使幼儿在玩乐中初步体验服务别人、团结友爱，文明礼貌、尊重劳动等美好情感。而**体育游戏**中各种协调动作的学习、队形的排列变化、毅力与合作精神的培养，则对幼儿外在美与内在美塑造具有重要意义。**音乐游戏**能满足幼儿的好动性与好表演欲望，对幼儿快乐健康性格的培养和美感的形成具有积极促进作用。

总之，幼儿园各种渗透美育内容的游戏令幼儿神往，它能使幼儿废寝忘食，完全进入自由审美的愉悦境界之中。教师可以在幼儿自愿的、自由的游戏基础上，引导他们去感受周边环境事物中和艺术中的美，使他们在游戏中获得极大乐趣，身心得到愉悦，并能把这种美的乐趣长期地保留在记忆当中。

（二）生活环境中的美育

环境是美育的重要资源。幼儿园是幼儿学习生活的主要场所，为幼儿创设美的生活环境，可以使幼儿得到美的熏陶和感染。幼儿园**环境美**包括室内环境与室外环境两部分。**清洁**、**整齐**是环境美的标志，**艳丽**、**童趣**是环境美的表现特点。幼儿园的整体设计及室内外装饰，都应该注意按照美的规律进行构思，同时更要注意表现童趣的特点。如在墙面上画出形态各异的动物画及卡通画，能使幼儿有生

图4-3-4 （洪维 摄；宁波镇海艺术幼儿园供图）

图4-3-3 （宁波宝韵音乐幼儿园供图）

图4-3-5 （洪维 摄）

活在美妙的童话世界的感觉；在幼儿活动场所的多余空间装饰上布艺、脸谱、剪纸、竹编及用各种废弃物做成

的艺术品,能使幼儿在艺术化环境里得到潜移默化的美的熏陶,从小培养他们对中国传统文化的认同感情。此外,小班墙面装饰选材可随意些,内容要投孩子们所好,颜色可鲜艳些,形象可大而简单些,位置要适合幼儿的视线,并可随季节的改变进行更换。中班可以请幼儿自行选择主题,参与设计制作区角及墙面装饰等。节日活动的环境布置也可让大点的幼儿共同参与,使他们感受参与创造美的乐趣。幼儿园"生物角""观察角""养殖角"

图4-3-6

的创设有着**优化、美化**教育环境的意义。教师可选择四季常青、易于管理、形态各异、安全无害、花叶齐观的中小植株植物,如常春藤、文竹、豆瓣绿、吊兰、广东万年青、水竹、落地生根、景天、虎尾兰、蟹爪兰、小植株榕树、龟背竹等来美化室内环境。在摆放时要注意:1. 忌过多(注意环境协调)。2. 忌过乱(注

图4-3-7(宁波江东外小附属幼儿园供图)

意形态布局)。3. 忌过集中(注意受光性能)。也可以养一些鱼虾、蜗牛、乌龟等小动物让幼儿观赏。在创设"生物角"时要注意始终让幼儿一起参与。教师的任务是设计观察与实验的话题(预设、生成),解答幼儿疑问,结合开展相关的文学、绘画等活动,以使幼儿喜爱动植物的形态、颜色以及生命活力,亲近大自然,关心周围的生活环境,并培养幼儿参与环境美化实践的兴趣。如可让幼儿利用各种材料制作插花容器,观赏并说说植物的叶、花、色、形、姿美在哪里,画出动物各种运动的姿态与相互的关系等。当然教师要通过找资料掌握一些这方面的相关知识,而自己首先要热爱这些带给我们生活乐趣的有生命活力的自然物。

另外,还可以经常组织幼儿到室外参加环境美化工作,让绿草因他们的浇灌而更加娇嫩,花儿因他们的呵护而更加鲜艳。在美的环境中,幼儿心理上能产生愉悦感,有利于他们健康和谐地成长。同时,教师应鼓励幼儿按自己对美的体验,动手动脑改造这小小的世界,组织幼儿参加环境的美化和保护,这样能培养幼儿表现美和创造美好生活的习惯和能力。

(三)教学活动中的美育

1. 科学领域活动中的美育。

图4-3-8(宁波江东外小附属幼儿园供图)

自然界是丰富多彩的。千姿百态的山川溪流,品种繁多的花草树木、鸟兽鱼虫,变幻无穷的日月风雨,以及经过人们劳动加工的园林田地、盆景花坛等,它们都以美的形态给人以美的享受。走进自然,亲近自然美,会使孩子们对什么都充满好奇,小到一只蚂蚁,大到蓝天白云,他们都会拉着老师的手去看他们的新发现。幼儿从小开始接触自然,从观看个别的具体的自然物体开始,再扩大到观赏一定范围内的自然景物。随着他们理解力的提高、视野的扩大,领略自然美的深度与广度也会增加,

美感和审美能力也会提高。如春天，花儿开放，大树萌出嫩叶，这时带幼儿游植物园或到农村山旁，幼儿除欣赏到姹紫嫣红的花卉田园外，还会感受到蝴蝶的色彩与对称美、蜜蜂的飞舞与辛勤劳作美，还有春风的和煦、阳光的明媚、小草的鲜艳、小溪的歌唱。带幼儿游动物园，孩子们在说着"美丽的孔雀""机灵的猴子""勇猛的老虎""狡猾的狐狸"的同时，也会感知到人类的朋友——动物真实、具体、生动的美的形象特点，以及它们富有

图4-3-10 （宁波江东外小附属幼儿园供图）

领幼儿到千姿百态、气象万千的大自然中去，让他们呼吸新鲜空气，感知鸟语花香、桃红柳绿，触摸水、沙、石、树、果等自然物，这都有助于陶冶幼儿的情操，增强幼儿感受美、欣赏美和创造美的能力。此外，让幼儿适当地参与饲养和种植活动，以及环境布置等，也有助于加深幼儿对美的感受，有利于培养他们创造美的能力。

2. 社会领域活动中的美育。

图4-3-9 （宁波江东外小附属幼儿园供图）

生命力的各种生活习性。自然界的季节更替、气象变化、动植物的繁殖生长，都是能使幼儿充分感受自然运动的变幻美，都能使幼儿在观赏的愉悦中产生探索大自然的愿望，激发起他们对周围生活的热爱之情，培养起他们最初的健康的审美情趣。大自然是美的永恒的源泉，教师应当充分利用大自然来对幼儿实施美的教育，经常带

人际关系中的美是通过人际交往中感受人与人之间和谐友爱关系时所产生的一种愉快的心理体验。而人际关系中的美感对幼儿好性格与好习惯的形成起着十分重要的作用。《纲要》中指出"幼儿的**社会性**主要是在日常生活和游戏中通过观察和模仿潜移默化地发展起来的。成人应注重自己言行的榜样作用，避免简单生硬的说教"。所以在幼儿园的美育中，要重视培养幼儿与幼儿之间、幼儿与教师之间、幼儿与其他成人之间和谐友

图4-3-11 （宁波江东外小附属幼儿园供图）

爱关系。如小朋友之间的和谐友爱相处可以使幼儿学会关心他人、帮助他人、齐心向上的良好品质。教师对幼儿的关心和鼓励，可以激发幼儿极大的学习兴趣等。

《纲要》还提到"幼儿园应多为幼儿提供自由交往和游戏的机会，鼓励他们自主选择、自由结伴开展活动"。幼儿园里，幼儿集体与教师参与的节日活动和文娱活动的内容和形式是丰富多彩的。如综艺活动形式有游艺会、运动会、联欢会、幼儿喜欢的物品（如玩具、小动物、植物、小制作）展览、观看木偶戏、影视、艺术表演及亲子活动等，它们能给幼儿带来欢乐，给幼儿留下深刻的印象。如"六一节"可组织幼儿歌舞、绘画、朗诵诗歌等表演，组织趣味体育比赛，让幼儿充分发挥表达美的才能，展示美的创造，感受美的氛围和美的事物给他们带来的愉悦。这些活动还配合有环境的布置，幼儿可以从中感受多方面的美。

带幼儿去街上，让他们认识宽广的马路、琳琅的橱窗、雄伟的建筑、优雅的装饰，还有地方特产、风味小吃、

图4-3-12（宁波江东外小附属幼儿园供图）

民间工艺品等；带幼儿去工厂、农村、超市、市场、展览会、体育馆、学校、剧场等处，可让他们初步感受劳动者的美、劳动创造过程的美、劳动产品的美。当前大部分的城市居民聚居的社区既是幼儿园赖以生存与发展的"根据地"，也是幼儿社会化的课堂。社区中有着丰富的人的资源，如各行各业家长等；社区中还有着丰富的环境资源，如菜场、植物园、银行、广场等。

我们应充分利用这些社区资源，让幼儿走向社会，用多样化的社会活动形式，让幼儿了解社会，学会与他人交流合作，获得情感上的体验。如重阳节可以请社区的老爷爷、老奶奶到幼儿园来，组织多种形式的老少同庆联谊活动，培养幼儿尊敬老人的情感。还可以组织幼儿与福利院残疾儿童共度元旦等节日，与警察叔叔一起联欢等。通过这些活动陶冶孩子的情操，塑造他们美好的心灵。

图4-3-13（宁波江东新城第一幼儿园供图）

然而广阔的社会环境和丰富的社会生活中的事物和现象是复杂和多样的。一方面要注意选择那些社会生活中的美好事物、文明的现象、有激励作用的事件来加深幼儿对美的体验。另一方面，对于那些落后与丑陋的现象，要有意识地控制和削弱它们的影响力，也可把它们作为反面教材，使幼儿在对比中分清美与丑，善与恶，最终达到预期的审美教育的目的。

3. 艺术领域活动中的美育。

《纲要》指出："艺术是实施美育的主要途径，应充

图4-3-14（洪维 摄）

分发挥艺术的情感教育功能,促进幼儿健全人格的形成。要避免仅仅重视表现技能或艺术活动的结果,而忽视幼儿在活动过程中的**情感体验**和态度的倾向。"在幼儿美育内容中,艺术教育占据主要地位。因为艺术美以它的直观性、鲜明性和富于表现力不仅能使幼儿易于接受、引起情感上的共鸣,而且对发展他们的审美能力也有极大意义。通过艺术教育还可以使幼儿更深刻地认识现实、陶冶性情、发展智力。以下分别从音乐、美术两方面谈谈幼儿园如何在艺术领域开展审美教育。

（1）音乐。

瑞士音乐家、教育家达尔克罗兹说过:"人类的感情是音乐的来源,而情感通常是由人的身体动作表现出来的,在人的身体中包括发展感受和分析音乐与情感的能力。因此,音乐学习的起点不是钢琴,也不是长笛等乐器,而是人的身体动作。"音乐是富于美感、激动人心的,幼儿经常接触、倾听美的音乐,能使他们体会音乐的优美、崇高等情绪,使感情趋向细腻,性格健康活泼,想象力得以激发,从而促进学习能力提高。幼儿具有喜形于色,感情外露的特点。所以在音乐欣赏过程中教师要关注孩子们的自我表现,以使他们"乐在其中"。引导他们通过哼唱、模仿、舞蹈、表演、看图谱,特别是形

图4-3-15（宁波宝韵音乐幼儿园供图）

体的律动等表达聆听音乐旋律与节奏的快乐感受,而把学会一首歌或懂得歌词内容作为音乐活动目标则是本末倒置的教学行为。

音乐是一种声音艺术,**音乐教育**活动是一种让幼儿通过各种感官去感知美的节奏、美的音响、美的旋律,从而形成美的情感的活动。在**音乐活动**中,幼儿获得的美感不但是从欣赏的材料中获得的,而且是从自由的活动参与过程中获得的。音乐欣赏的过程就是幼儿通过倾听,对音乐作品进行感知、理解、初步鉴赏及表现的过程,也是教师启发幼儿热爱艺术、增强幼儿音乐记忆能力、丰富幼儿音乐联想的过程。在这过程中要注意:营造音乐教学环境,培养幼儿审美感知。优化音乐教学过程,启发幼儿审美探索。采用丰富多彩的教学手段,增强幼儿审美情趣。另外选择合适的教学内容在这过程中起着较关键的作用。首先为幼儿选择的音乐作品应该是幼儿所**能理解的**并能唤起他们兴趣的。无论是歌曲还是器乐曲,其内容、形式或情感都应该能为幼儿所接受。其次,为幼儿选择的音乐欣赏作品必须**具有较高的艺术水准**,

图4-3-16（宁波江东新城第一幼儿园供图）

有较好的演唱或演奏质量（教师个人的音乐欣赏水平和艺术表现技能发挥着较大作用）。富有艺术美的音乐作品能扩大幼儿的艺术视野,丰富幼儿的音乐欣赏经验。如《溜冰圆舞曲》《梦幻曲》《四小天鹅舞曲》《瑶族舞曲》《彩云追月》等这些简单的中外名曲,都可以给幼儿带来丰富的审美体验。即使有的作品篇幅较长,结构较复杂,也可以通过适当的删编让幼儿欣赏。由于受到身心发展水平、知识经验、音乐经验等的限制,在音乐欣赏的过程中,幼儿一般很难像成人那样仅仅通过安静倾听的方式来获得对音乐的感性体验或理性思考,我们往往需要借助一定的辅助手段,以丰富和加强他们对音乐美

的感受。**辅助手段**有能反映音乐节奏、旋律、结构、内容、情感等的简单的幼儿能较容易掌握的**身体动作**，也可以是节奏动作、舞蹈动作甚至是滑稽动作等。还有能反映音乐的形象、内容、结构及节奏特点的**视觉材料**，它们可以是图片，视频，也可以是玩具。材料的线条、构图、造型、色彩、形象等必须与音乐美的性质相符合。还有含有音乐所表达的意境的有声**语言材料**，如文学作品本身的内容、形象、情感、表现手法都可真实而贴切地烘托出音乐所要表达的意境和气氛。选择语言辅助材料时还需要注意文学材料本身的审美性，并能为幼儿所熟悉、理解、喜爱。再就是在经济条件许可情况下尽量选用高质量的**播放器材**，以保证欣赏效果。因劣质的播放器材会使欣赏效果大打折扣甚至会损害幼儿的健康。

需要注意的是，儿童音乐教育的核心价值应是审美体验，如果把德育、智育价值凌驾于美育价值之上则是缘木求鱼。如有的新教师把音乐活动《小羊踩痛小公鸡》

图4-3-17（宁波江东外小附属幼儿园供图）

的**首要目标**定为"理解歌词内容，懂得影响了别人要道歉"就是例子。雷默说过**"音乐教育及其本质价值是一只快乐的狗，它的非音乐价值（这里指智力发展作用）是狗尾巴。音乐教育的正常逻辑，应该是狗摇尾巴，而不是尾巴摇狗"**。所以音乐教育的主旨应该是音乐情感美的"狗"去带动其他教育价值的"尾巴"，而不是相反。

（2）美术。

美术是一种造型艺术。美术教育活动主要是通过绘画等形式培养幼儿的观察力和表现力，能激发幼儿感受形式美，提高幼儿审美情趣，丰富幼儿的审美经验，并能使他们体验自由表达和创造的快乐。幼儿园美术活动是**以欣赏为前提，绘画为基础，手工为拓展**的审美教育活动。在美术欣赏的过程中，教师要充分调动幼儿的感知、想象、理解、情感等心理因素对美术作品的形式及其意味进行体验和认知。我们知道，2岁以后，特别是3岁左右是幼儿审美欣赏发生的敏感期，特别是女孩子，已经有了朦胧的审美态度，开始接纳优美的事物，会欣赏它并产生美感体验。但是，他们的欣赏还处于浅表层面，理性的成分不足。在幼儿早期阶段，受其心理发展水平的限制，他们的欣赏有一种"求实"心理，即注意欣赏对象的内容，而忽略其形式。这就要求教师在**欣赏指导**过程中要引导幼儿把注意力集中到欣赏对象的形式和结构上来，而不是事物本身的"像不像""完整不完整"，进而培养幼儿审美注意的自觉性和稳定性。另外，我国学者张奇等人的实验结果表明，幼儿评价同伴和自己所画图画的标准是画得像不像自己认识的物体，颜色是否均匀、鲜艳、丰富，线条画得是否平直和圆滑，图画中的事物是否生动感人等。幼儿的评价还极易受教师和同伴的影响，而且年龄越小，受的影响越大。所以，首先

图4-3-18（宁波中山艺术幼儿园供图）

图4-3-19（洪维 摄）

图4-3-20（宁波江东明楼幼儿园供图）

理解能力有了一定程度的提高，欣赏对象趋于多样化、复杂化。教师就可以为他们提供如铜版画、雕塑这样的审美体验材料。可作为幼儿美术欣赏的作品很多，关键是看教师是不是能从形式美的角度去把握教育的方式方法，由此可见一个对美术作品形式美缺少真实感觉，单凭查找资料来指导美术欣赏活动的教师是不能很好达到活动的美育目标的（这些往往反映在教案中"情感目标"的落实上）。

另外，**绘画和手工**是幼儿表达对世界认识的一种语言，幼儿的绘画和手工制作过程是表现美与创造美兴趣表达的过程。对技巧要求不应过高，但也不能撒手不管，要帮助他们从点、线、面和对色彩的感觉入手打好表达美的基础，并逐步提高表达美的技能。绘画的形式也不要停留在平面上，可通过在各种形状的物品上随心作画来培养幼儿利用色彩、线条及形状来造型的兴趣。如可以教幼儿在各种瓶子、杯子、盒子、蛋壳甚至在帽子衣服上作画；也可以让幼儿在布、陶瓷、塑料等不同质地、不同形状的材料上画出不同主题的作品；而废弃的毛线、书报、纽扣、糖纸、贝壳还有染色的米粒、豆粒、沙子、树叶等也能作为拼贴画的材料。在画的内容选择上也应是幼儿感兴趣的。在指导幼儿绘画时不管孩子画得好不好，像不像，教师都要倾注一片爱心，给予充分的肯定与鼓励，让孩子有一种成功的体验，从而激发他们动手与创造美的兴趣。幼儿的创作过程是他们表达自己的认识和情感的过程，所以教师应支持幼儿富有个性和创造

我们在幼儿美育欣赏内容的选择上要既适合幼儿的现有水平，又有一定的挑战性；既符合幼儿的现实需要，又有利于其长远发展；既贴近幼儿的生活经验、符合他们的兴趣，又有助于拓展幼儿的经验。一般而言，适合幼儿欣赏的美术作品包括中外绘画、雕塑名作、艺术价值较高的手工艺品等（这些幼儿美术教法指导书中都有提及）。另外，在欣赏内容的选择上要注意各个年龄段在评价欣赏对象上的差异。如小、中班幼儿对接近他们生活经验的事物，如幼儿的日常服饰、四季不同的景色、班级的环境布置等这些可以直接观察到的、便于产生感性认识的景物感兴趣。**大班幼儿**，由于生活范围的逐渐扩大，思维能力、

图4-3-21（宁波鄞州区格兰云天幼儿园供图）

性的表达，克服过分强调技能技巧和标准化要求的偏向。教师还要做个有心人，善于发现幼儿的每一点进步，及时给予肯定，让孩子树立创造美的信心。如某个孩子动手能力特别差，对绘画活动感到害怕，教师就应鼓励他到绘画区试一试。老师期待的目光、热情的鼓励，如"不错呀，这样子真好看"等都会对幼儿审美感觉和审美创造力的培养起到重要作用。

作为美术教育活动的**审美介入**、**肯定鼓励**、**自由表达**三个原则对于美术活动服务于美育教育起着把握方向的作用。《纲要》指出："幼儿艺术活动的能力是在大胆表现的过程中逐渐发展起来的，**教师的作用**应主要在于激发幼儿感受美、表现美的情趣，丰富他们的审美经验，使之体验自由表达和创造的快乐。在此基础上，根据幼儿的发展状况和需要，对表现方式和技能技巧给予适时、适当的指导。"这也是教师在指导美育活动时必须明确的职责。

4. 语言领域活动中的美育。

这里主要谈谈**幼儿文学欣赏**在幼儿审美教育中的作用。

幼儿文学是诉之于幼儿听觉的快乐的**语言艺术**，**幼儿文学欣赏活动**主要是通过**听故事**、**朗读**儿歌、**阅读图画故事书**、**观看**影视作品等方式来传达给幼儿美的语言、美的形象与情趣的活动。幼儿文学作品内容丰富、基调乐观向上、形式活泼多样、语言浅显优美，不但可以丰富幼儿的知识，发展幼儿的语言，而且可以使幼儿得到美的熏陶，对发展完善幼儿的良好人格具有特殊作用。幼儿接受文学所传达的娱乐作用都是借助美丽的形象、感人的情节和美妙的环境得以实现的。优秀的幼儿文学作品首先做到的是作品具有幼儿审美情趣，不管是"寓教于乐"，还是"纯娱乐"的，都能给幼儿以审美愉悦，对幼儿形成乐观开朗的性格能起到良

图4-3-23 我国第一套彩色幼儿绘本

好作用。儿歌中的押韵与节奏朗朗上口；**童话**、**图画故事书**中完整有趣的情节和人物友善、机智、勇敢、幽默、率真等品性；**幼儿诗歌中的**优美音韵和美妙意境（如"青青山下\绿绿水田\白白的鹭鸶\低低飞。青青山下\绿绿水田\白白的鹭鸶\飞飞飞"）等，这些都对幼儿有很大吸引力，并能丰富幼儿审美情感，帮助幼儿辨别真善美与假恶丑。幼儿文学表达的主要基调是活泼有趣的，展现的则是纯真、怪诞、稚拙为代表的"优美"形态，这些都能给幼儿以身心舒适的审美享受。而少量具有崇高美与淡淡的悲剧美的作品，如《小青虫的梦》《流星花》《海的女儿》《去年的树》等也能引起幼儿些许的深层情感震撼。

由于形成文字的幼儿文学的第一读者是教师、家长

图4-3-22 （宁波江东华光城幼儿园供图）

等成人，幼儿是第二读者，他们主要是通过**听**的形式来接受作品的。所以成人在选择与阅读作品时必须把握好幼儿审美情趣，而在传授上则需注意方法与对象的吻合，可以运用多媒体、游戏、表演、音乐等辅助手段把作品的美表现得淋漓尽致，使幼儿乐于接受作品中的健康的教育内容。幼儿的认知能力有限，欣赏一些含义较深的作品如《丑小鸭》《岩石上的小蝌蚪》，还有许多诗歌作品，教师没必要向幼儿讲清它的创作原旨或主题，而只要通过合适的引导让幼儿记住有这么一个美妙感人的作品就可以了。对小班幼儿而言，许多儿歌也只是像嚼口香糖一样过过"口瘾"而已（如"丫头丫，打蚂蚱。蚂蚱飞，丫头追。蚂蚱跳，丫头笑"），

图4-3-25 （宁波江东外小附属幼儿园供图）

图4-3-24 （宁波江东新城第一幼儿园供图）

教师不必非要强加给他们一个教育主题。因为在文学欣赏时过多的理性介入会冲淡对作品的美的内涵的感受。请相信，随着幼儿快速长大，他们自然会去个性化地"反刍"作品的道德与美学内涵的。事实上我们成人对文学作品内涵美的诠释不也是这样的吗？

5. 健康领域活动中的美育。

这一领域活动包含的内容较为庞杂，而与美育关系紧密的主要还是"体育游戏"与"培养良好生活习惯"两块内容。幼儿体育游戏以及相关联的体育活动是体现幼儿生命活力的主要运动方式。体育活动不但锻炼了幼儿的体能，而且能使幼儿初步建立起人体的美的观念，还能帮助他们学习欣赏强健的体格与协调灵敏的姿态动作之美，培养他们良好的审美情趣。活动中教师要善于通过走、跑、跳、掷、钻、攀、爬及模仿小动物动作等活动使幼儿不断朝着匀称、健壮的形体与自然协调的动作姿态目标努力。幼儿健康教育中还应该强调培养幼儿健康活力、充满阳光、积极向上这些社会美品性，因为人的自然美形体总是同社会美品性紧密联结在一起的。也就是说，幼儿的各种体育活动不仅能培养幼儿的形体美与追求协调的动作技能，更可以通过集体活动使他们学会欣赏他人、欣赏自我，并形成勇敢坚强、友好竞争、团结协作等内在优良品质。幼儿园舞蹈活动往往与音乐活动中的律动、体育活动中的各种肢体动作相融合，而舞蹈与体育对身体美和社会美的要求也是殊途同归的。幼儿健康美的教育不仅是人体美的教育，更是一种人格美的教育。

幼儿体操动作的设计也不只是伸伸手、弯弯腰、踢踢腿那么简单的事，而是在各种明快的音乐伴随下，以

图4-3-26 （宁波江东华光城幼儿园供图）

韵律操、拍手操、武术操、器械操、模仿操等形式，让幼儿对**节奏韵律**、**对称均衡**产生美感；而动作进行过程中快乐的情绪的抒发，更会使幼儿体验运动带给人的**精神舒畅感**。又如，把幼儿的行走与各种不断变化的队列结合在一起，形成一个个运动的图形，也可让幼儿体验**整齐一律与生动完整的美**。另外，在健康教育中，教师不仅要注意技术动作的形成、表现过程中的艺术性，还要发挥创造性，运用合乎幼儿生理特点的活动方式和主题，组织好各种渗透美育的活动形式，这样才能在给幼儿健康体魄的同时，给他们以"审美的眼睛"和"音乐的耳朵"。另外，在健康领域中还可以通过指导幼儿形成良好的卫生习惯等，使他们感知生活用品摆放整齐一律与个人仪表行为习惯整洁有序之美。

事实上，目前许多幼儿园往往是以牵涉到多个领域的"主题活动"的方式来开展教育活动的，而在这样的活动中又通常会含有一个审美的目标（情感目标），如"感知春天的季节特征，萌发热爱大自然的情感"等。教师可以通过环境创设、区域活动中各种内容的安排、为幼儿提供相关的欣赏画面资料（如利用绘本让幼儿认识身体与生命等）、安排合理的艺术欣赏活动与创作活动、带幼儿接触自然与社会等形式来实现这一目标。幼儿的日常生活中也有很多美育教育内容，我们可以把它归纳到社会领域中，这里就不赘述了。

二、幼儿美育的实施途径

（一）幼儿园

幼儿园是幼儿生活与受教育的地方，幼儿园硬件设施与幼儿教师是幼儿美育实施的**两大要素**。《纲要》指出："幼儿园应为幼儿提供健康、丰富的生活和活动环境，满足他们多方面发展的需要，使他们在快乐的童年生活中获得有益于身心发展的经验。"幼儿园**环境创设**的整体思路要按照这一原则来进行，但在具体实行时还应本着"**美化**""**童趣**"与"**节俭**"的原则，给幼儿自由创造美、

图4-3-27　（宁波江东外小附属幼儿园供图）

表现美提供充分的空间和足够的材料与工具。在这方面，国外一些幼儿园的做法很值得我们借鉴。如一位国外考察回来的幼教工作者曾这样描述："在美期间，我们共考察了12所幼儿园。所到之处，有一个共同的特点，那就是每所幼儿园，接待来访者的'会议室''接待室'都是那么简陋。没有沙发，更没有豪华的装修与装饰，有的幼儿园甚至连专用的大人会议室也没有。而对幼儿的生活环境、幼儿的玩具材料、幼儿的作品物品等，却能不惜一切代价以追求最好的。在洛杉矶长青幼儿园，为了让孩子们在活动区里能更自主地探索、学习，幼儿园提供了极其丰富的活动材料。活动材料架上，呈现在我们面前的，仿佛是一个个专业的小商店：'五金店''颜料店''书店''纽扣店''布料店'等，应有尽有。孩子们在幼儿园里快乐地、自由地活动着、成长着，享受着真实的'第一位'的待遇。"所以环境的创设应把幼儿的自主地探索、学习放在重要的位置，避免以教师的爱好和兴趣来代替幼儿的需要。美的生活环境可以熏陶幼儿的情感，引起幼儿对生活美的情趣。在幼儿园环境的

图4-3-28　（洪维　摄）

创设中应讲求"整体规划、充分利用、注重教育"的综合功能，设立各种户外活动区域。体育活动区可以放置各种可以操作的玩具（传统玩具如高跷、铁环等），也可设玩沙玩水区、观察区、动植物饲养区。还可以在室外墙壁上画上孩子们喜欢的形象生动的卡通形象等。幼儿园播放的音乐要以轻松活泼为主，音量要适中，有条件的尽可能配上好的音质的播放器材。还可以把一些能发出各种音响的器材放在幼儿能得到的地方。在室内可建立各种活动角、图书角、娃娃家、儿童医院、科学实验角、自然角，走廊上为幼儿设立艺术作品陈列窗，墙上为幼儿设立可以自由作画的小画廊等。这样，孩子们

1. 组织。

这其中包括运用多种形式合理安排美育活动，用科学、先进的理念设计各种美育内容的游戏、活动的方案并注意幼儿日常生活中美育内容的渗透；为美育活动的

图4-3-30（宁波江东新城第一幼儿园供图）

开展准备材料、创设环境；充分利用各种环境教育资源，扩展幼儿生活和学习的空间；支持、鼓励幼儿积极参加各种艺术活动，在艺术活动中为幼儿提供自由表现的机会；与家长、挂钩单位取得联系等。

2. 指导。

这包括引导幼儿接触周围环境和生活中美好的人、事、物；指导幼儿用自己喜欢的方式大胆表现自己对艺术的感受；帮助幼儿提高表现的技能和能力；引导幼儿利用身边的物品或废旧材料制作玩具、手工艺品等来美

图4-3-29（洪维 摄）

来到幼儿园，犹如进入了一个梦幻的美妙世界。在这样处处充溢着美的氛围中，欣赏自然美，感受艺术美，体验创造美的情趣，他们的稚嫩的心田会得到美的陶冶，身心会得到健康和谐的发展。

幼儿园的教育活动，是教师以多种形式、有计划地引导幼儿主动活动的教育过程。在幼儿美育的实施过程中，**幼儿教师起着关键作用**。《纲要》在"艺术"一节指出："教师的作用应主要在于激发幼儿感受美、表现美的情趣，丰富他们的审美经验，使之体验自由表达和创造的快乐。在此基础上，根据幼儿的发展状况和需要，对表现方式和技能技巧给予适时、适当的指导。"幼儿教师在美育实施过程中的作用体现在四个方面：

图4-3-31（宁波江东明楼幼儿园供图）

化自己的生活或开展其他活动；引导幼儿接触优秀的儿童文学作品，让幼儿感受语言的丰富和优美，并通过多种活动帮助幼儿加深对作品的体验和理解。利用图书、绘画和其他多种方式，引发幼儿对书籍、阅读和书写的兴趣。鼓励幼儿用不同艺术形式大胆地表达自己的情感、理解和想象。

3. 示范。

在幼儿园美育实施中，教师的文化艺术修养和美学理论修养对效果有着重要影响。教师职前的良好艺术技能训练是幼儿园美育实施的质量保证。教师富有情感的歌声、舞蹈、律动、朗诵及其他示范表演会在幼儿的

儿相互交流、相互欣赏、共同提高，让每个幼儿都接受美的熏陶。在游戏和活动中尊重每个幼儿的想法和创造，肯定和接纳他们独特的审美感受和表现方式，分享他们创造的快乐。在艺术活动中面向全体幼儿，针对他们的不同特点和需要，运用现代化手段记录活动的过程，并让幼儿感受到成功的喜悦。对有艺术天赋的幼儿注意给予充分的肯定，并注意发展他们的艺术潜能等。

（二）家庭

父母是孩子审美的第一个老师，家长的行为、习惯、爱好和对子女的教育方式对幼儿审美能力的培养有着重要的作用。一个具有自觉的育儿意识、具有一定的审美眼光、能注意自己的言行美、有高尚健康的业余爱好的家长，对幼儿审美能力的培养必定会有积极的作用。事实证明，一个人良好品性与艺术爱好的形成与家庭环境及家长的言传身教有着密切的关系。所以幼儿园应充分利用幼儿家庭教育资源，做好家园互动，对提高幼儿审美教育效果有着很实际的意义。如可以采取家访、定期召开家长会等，及时了解家长对孩子进行教育的情况，也可以通过举行亲子活动，成立家长学校，举办专题讲座等向家长宣传和普及幼儿美育的知识和方法，共同研讨、交流家庭教育体会，促进家庭和幼儿园审美教育协调一致。而从家长方面来看，与幼儿园美育达到协调一致可以做的是：1. 创设优美的生活环境和良好的家庭人际环境，培养幼儿良好的品性。2. 利用电视、服饰打扮、旅游等，引导幼儿去发现美、感受美。3. 早期发现幼儿艺术才能并给予正确的引导与指导。

图 4-3-32 （宁波江北甬港幼儿园供图）

心灵播下美的种子，激发起他们对美的情感，并调动起他们创造美、表现自己对美的理解与感受的热情。在对幼儿的技能指导时，教师的示范作用也很重要。最重要的是教师应用自己美的服饰打扮、美的言谈举止、美的思想行为为幼儿作表率，因为在缺少审美经验的情况下，教师的一言一行是最容易被幼儿认可和模仿的。

4. 激励。

这包括教师对幼儿平时美的行为及各种有创意的想法与作品给予鼓励性的集体评价。通过各种幼儿感兴趣的形式**为幼儿展示自己作品创设条件**，引导幼

图 4-3-33 （王茹欣 摄）

美的家庭环境及良好的家庭人际环境能陶冶幼儿的情操并有助于幼儿形成高尚的生活情趣和善良的品性。家长如能重视家庭环境的美育作用，经常

领着孩子在家里种花、种菜、玩水、养小动物、玩游戏，经常领着孩子打扫卫生、看望长辈，业余时间和幼儿一起下棋、集邮、画画、手工制作玩具、拼图、看图画书、讲故事，在这样一种美好的家庭环境中生活，幼儿会逐渐培养起**健康的审美情趣和审美理想**。又如幼儿从小在家里听和谐悦耳的音乐，唱唱歌、接触一些民族与西洋乐器、随音乐节奏自然地表演动作，不但可以发展他们的听力与乐感，而且有助于他们对音乐美的理解并会对音乐表演产生强烈的兴趣。对刚会画画、搞手工制作的幼儿为他们提供纸张和彩色笔、橡皮泥等材料，会引起他们对美术创作的兴趣。家长还可以让他们多说说所画的内容，以**发展幼儿的审美想象力**。家长还要善于肯定幼儿通过画面所表达的想法与感情，而切忌要求幼儿按模式作画。

良好的家庭人际环境，则能从小培养幼儿善良的品性。善良是人类最美好的品性之一，也是一切美好品性的基础。对幼儿实施家庭美育的很重要的一项任务就是**培养孩子的善良品性**。心地善良的首要一点是要**懂得关心人、爱人**。家长应该通过寓教于乐和自己做表率，努力创设一个充满爱意的家庭内、外部环境，以对幼儿的善良品性的形成起到潜移默化的作用。所谓"向阳门第春先到，积善人家庆有余"，如家长能以正确的方法表达对孩子的爱，以平常之心看待孩子的成长，不拿自己孩子与别人攀比；做到与人为善、以礼待人、遵纪守法、举止文明、尊敬长辈、孝敬老人、夫妻互爱、邻里和睦、积极参与公益事务等，乃至形成优良的家风，这些都会潜移默化地在孩子的心灵白纸上留下优美的图画与文字。反之那些充斥着"土豪"劣根性的家教则会起到消极作用，从而抵消掉幼儿园审美教育的积极一面。从这意义上看"培养一个贵族需要三代人"的说法不无道理。因为情感的熏陶需要道德的引领，对孩子**社会美的教**

图4-3-34　威廉荷加斯［英］画作

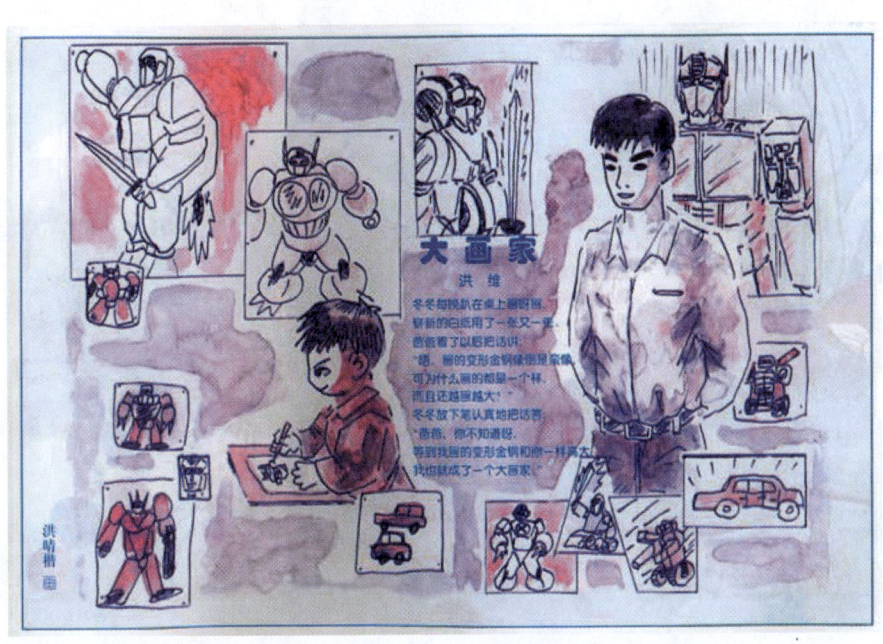

图4-3-35　洪晴晴画作

育主要靠的不是说教，而是家长的行为引导和家庭环境熏陶。

在日常生活中，家长还可以利用观看影视、服饰打扮、旅游等时机，积极引导幼儿去发现并感受艺术、生活与周围环境中的美。如看完影视后给孩子说说影视中人物为什么是美与丑的，请孩子根据家庭条件自己挑选服装颜色与样式，在观赏自然与人文景观时引导他们去看、去听、去闻、去触摸、去品尝、去想象、去与动物对话等。

作为家长要在早期以培养孩子多方面的**艺术兴趣**为主给予审美引导。一些幼儿的艺术潜能往往会较早反映

图4-3-36　Alexander Awerln［俄］画作

出来，如乐感、色彩感、动手能力、造型能力、身体协调性以及对某种艺术的感悟力与兴趣相对其他孩子要显得强得多等，这些都是很值得注意的，它是以后学好各种艺术技能的先决条件，因为"兴趣是最好的老师"。所以家长在与孩子接触的时间里要善于发现自己孩子的艺术潜能，并给予正确的引导与指导。许多艺术技能如器乐训练起步早能起到"事半功倍"的作用。但有的家长过分强调遗传的因素而忽视了孩子与自己完全不同的艺术潜能的存在，这样会错失教育良机。还有的家长往往无视孩子的兴趣爱好较早把一些自己喜欢的艺术技能培训强加于孩子，日子一久使孩子产生厌倦情绪，反而事与愿违。事实上，在将来能真正成为艺术家的幼儿毕竟是少数，审美教育的目的是要让孩子**成为一个具有完美的人格并热爱生活中的美的事物的人**。虽然他们以后从事的是各种各样的工作，但他们可以成为具有审美眼光和艺术品位的人，成为艺术和自然的爱好者、鉴赏者、美化者、评论者、保护者，并对自然、生活保持永远的热情。所以一般说，即便发现孩子具备某种艺术的感悟力与兴趣也不必给予较早定位，而应以打好全面基础，提高艺术审美情趣与艺术表达力为宜。

（三）社会

一个人从出生到学会走路再到上幼儿园，他所接触的人也从家长到小伙伴到周围环境，这就是所谓的幼儿从"自然人"走向"社会人"的过程。而我们所有的人都生活在一定的文化背景下，并按照一定的历史法则行事。人与动物区别的最明显特征就是有文化，美国人类学者拉尔夫·林顿说过"从个人跻身于一种或几种文化意义上看，每个人都是有文化的人"。随着幼儿的逐步长大，他们对社会文化与不同的美的形态的认识会不断加深，在这过程中成人的正确引导却尤为重要。幼儿园老师与家长要充分利用社会文

图4-3-37　（宁波江东外小附属幼儿园供图）

化资源,为幼儿美育的实施创造条件。从幼儿园教育活动来看,幼儿美育的实施还与"社会领域"关系很密切。除上面所说的利用社区资源以外,我们还可以带幼儿到博物馆、艺术馆、展览馆、体育馆、文化广场、少年宫、大学校园以及各种比赛、演出、劳动场合,让幼儿了解人的自然美属性,了解艺术创造的美与劳动产品的美,了解自己的亲人以及与自己生活有关的各行各业人们的劳动,培养其对劳动者的热爱和对劳动成果的尊重的情感。同时应充分利用这些社会资源,引导幼儿实际感受祖国文化的博大精深与悠久历史,感受家乡的变化和发展,激发幼儿爱父母长辈、爱老师和同伴、爱集体、爱家乡、爱祖国的情感。同时在实际实行时要注意幼儿的生理与心理特点,对地点要有选择,以避免幼儿身心受到负面影响甚至受到伤害。

幼儿美育是一项特殊的系统工程,其具有以美感人、以美动人、以美育人的特点,在幼儿个性发展中发挥着重要作用。要克服单纯地认为教会幼儿唱几首歌、跳几个舞或把培养出几个艺术尖子就当作是进行美育的倾向。克服仅仅重视表现技能或艺术活动的结果,而忽视幼儿在活动过程中的情感体验和态度的倾向。明确美育在幼儿教育中的位置,充分发挥美育的情感教育功能,促进幼儿健全人格的形成。作为未来的幼教工作者,特别是边远农村地区工作的教师还应克服资金投入不足的困难,因地制宜,充分利用自然环境等有利因素,努力探索幼儿美育如何与当地幼儿教育实践相结合的路子,不断为幼儿美育的实施推出新成果、开创新局面。

总之,美育的目标讲到底就是解决一个"以……为乐"的情感态度问题,即让教育对象形成以什么为美的口味(价值观),培养他们以接触美好事物为乐的生活情趣和态度(当然它的核心议题也关系到世界观与方法论)。只有当教育对象有了认识美、欣赏美、创造美的能力,才会有可能在生活中积极地去追求美的真谛,才会有寄情山水的情愫与乐此不

图4-3-38 (宁波江东外小附属幼儿园供图)

图4-3-39 (宁波江东新城第一幼儿园供图)

疲的行动，也才有可能会把帮助别人作为人生乐事，才会有可能远离低俗之气，才会在塑造自己良好形象与健全人格的同时去影响别人（尤其是幼儿）。而这正是我们编写本教材的初衷。

"没有油画、雕塑、音乐、诗歌以及各种自然美所引起的情感，人的乐趣就会失去一半。"（赫伯特斯宾塞）

图4-3-40 （宁波江东外小附属幼儿园供图）

思考与练习

一、结合第二章第三节中提到的成为审美主体的四个条件，谈谈幼儿在什么样情况下才有可能成为审美主体？教师应该如何结合幼儿美育实际情况引导幼儿开展审美活动？

二、结合第三章第一节中提到的审美活动的方法，恰到好处地利用这些方法试为幼儿园小朋友介绍一类小型泥塑作品（如天津泥人张作品、江苏惠山民间泥塑、陕西凤翔彩绘泥塑等）。

小资料

家教小故事

苏轼十来岁的时候，程夫人给他读《后汉书·范滂传》，范滂是东汉著名政治家，他查办贪官污吏，铁面无私，结果遭到奸臣陷害，被判处极刑。上刑场前他与母亲诀别，说"母亲，我对不起您。今后只有靠弟弟尽孝心了。"他母

亲深明大义，说："你今天能够与忠义之臣齐名，死有何恨！既已享有美名，又要盼望长寿富贵，岂能双全？我支持你为了理想舍弃生命。"

当时，十岁左右的苏轼站起身来，激动地说："母亲，倘若我也要做一个范滂这样的人，您同意吗？"程夫人很平静地说："你如果能做范滂，我难道不能做范滂的母亲吗？"

（节录自《康震评说苏东坡》）

梁启超十岁那年，跟父亲入城，夜里住在秀才李兆镜家。李家正厅对面有个杏花园，梁启超第二天早晨起来便走到杏花园玩耍，但见朵朵带露杏花争妍斗艳，十分可爱，便摘了几朵。突然听到脚步声由远而近，原来是父亲与李秀才来了。梁启超急忙将杏花藏于袖里，但仍被父亲看见了。父亲不好意思在朋友面前责怪儿子，便以对对联的形式来处罚他。父亲吟上联："袖里笼花，小子暗藏春色。"梁启超仰头凝思，瞥见对面厅檐挂着的"挡煞"大镜，即念出下联："堂前悬镜，大人明察秋毫。"李兆镜拍掌叫绝，于是道："让老夫也来考一考贤侄，'推车出小陌'，怎样？"梁启超立刻对上："策马入长安。""好，好！"李兆镜连声赞好。在欢悦的气氛中，父亲饶了梁启超的过错。

（节录自《梁启超童年趣事》）

主要参考文献

1. 彭光芒.美学基础与美的欣赏［M］.北京：中国农业科技出版社，1995.
2. 杨辛，甘霖.美学原理新编［M］.北京：北京大学出版社，1996.
3. 欧阳周，顾建华，宋凡圣.美学新编［M］.杭州：浙江大学出版社，1993.
4. 王朝闻.美学概论［M］.北京：人民出版社，2004.
5. 唐孝祥，袁忠，唐更华.美学基础教程［M］.广州：华南理工大学出版社，2002.
6. 卢卡契.审美特性［M］.徐恒醇译.北京：中国社会科学出版社，1986.
7. 王振宇.学前儿童发展心理学.人民教育出版社，2004.
8. 修海林，罗小平.音乐美学通论［M］.上海：上海音乐出版社，1999.
9. 戚廷贵等.文学概论.吉林文史出版社，1993.
10. 张奇.儿童审美心理发展与教育.北京师范大学出版社，2001.
11. 冉祥华.美育与创造力［M］.郑州：河南人民出版社，2004年.
12. 黄瑾.学前儿童音乐教育［M］.上海：华东师范大学出版社，2001.

图书在版编目(CIP)数据

美学基础与幼儿美育/洪维主编.—2版.—上海：复旦大学出版社 2017.2(2023.5 重印)
普通高等学校学前教育专业系列教材
ISBN 978-7-309-12738-6

Ⅰ.美…　Ⅱ.洪…　Ⅲ.①美学-幼儿师范学校-教材②学前儿童-美育-幼儿师范学校-教材
Ⅳ.①B83 ②G610

中国版本图书馆 CIP 数据核字(2016)第 303658 号

美学基础与幼儿美育（第二版）
洪　维　主编
责任编辑/高丽那

复旦大学出版社有限公司出版发行
上海市国权路 579 号　邮编：200433
网址：fupnet@fudanpress.com　　http://www.fudanpress.com
门市零售：86-21-65102580　　团体订购：86-21-65104505
出版部电话：86-21-65642845
上海四维数字图文有限公司

开本 890×1240　1/16　印张 11.25　字数 308 千
2017 年 2 月第 2 版
2023 年 5 月第 2 版第 3 次印刷
印数 5 701—7 800

ISBN 978-7-309-12738-6/B·594
定价：45.00 元

如有印装质量问题,请向复旦大学出版社有限公司出版部调换。
版权所有　　侵权必究